固执鬼彼得

彼得·史蒂文森的生平与时代

【美】房龙 著

朱姝 译　王芷 审校

新星出版社 NEW STAR PRESS

图书在版编目（CIP）数据

固执鬼彼得 /（美）房龙著；朱姝译. —北京 :新星出版社, 2012.2
ISBN 978-7-5133-0530-3

Ⅰ. ①固… Ⅱ. ①房… ②朱… Ⅲ. ①美国—历史—通俗读物 Ⅳ. ①K712.09

中国版本图书馆CIP数据核字(2012)第010275号

固执鬼彼得

——彼得·史蒂文森的生平与时代

【美】房龙 著　朱姝 译　王苾 审校

特 约 编 辑 ：官　艳
责 任 编 辑 ：武继宇
责 任 印 制 ：韦　舰
装 帧 设 计 ：最近文化

出 版 发 行：新星出版社
出　版　人：谢　刚
社　　　址：北京市西城区车公庄大街丙3号楼 100044
网　　　址：www.newstarpress.com
电　　　话：010-88310888
传　　　真：010-65270449
法 律 顾 问：北京市大成律师事务所

读 者 服 务：010-88310800 service@newstarpress.com
邮 购 地 址：北京市西城区车公庄大街丙3号楼 100044

印　　　刷：成都东江印务有限公司
开　　　本：880×1230 1/32
印　　　张：8
字　　　数：162千字
版　　　次：2012年2月第一版　2012年2月第一次印刷
书　　　号：ISBN 978-7-5133-0530-3
定　　　价：28.00元

译本序

本书原名《Life And Times Of Pieter Stuyvesant》，英文原版于上世纪二十年代末在美国出版，属于房龙的历史类作品。也正是在这一时期，房龙被介绍到了中国。对于这位优秀的通俗历史作家，郁达夫曾经这样评价：“房龙的这一种方法，实在巧妙不过，干燥无味的科学常识，经他这么一写，无论大人小孩，读他书的人，都觉得娓娓忘倦。”

虽然房龙一直都不被承认是严肃的历史学家，但是这种“令人娓娓忘倦”的文字魅力还是令人赞赏，也正是因为房龙的这种写作特征，才引起了八十年代中国的“房龙热”。随着这股热潮的不断升温，房龙的大量书籍在国内被翻译出版，各种译本系列铺天盖地而来，这对于房龙的书迷来说无疑是一场精神盛宴。然而，不管是哪一个版本的房龙文集都有一个共同的遗憾之处，那就是并没有完全收录房龙的所有作品，这本于 1928 年完成的《彼得·史蒂文森的生平与时代》就从未有中文版面世。此次，我们就是抱着弥补遗憾的想法，向广大的中国读者奉上这本书。

本书讲述的历史非常具有传奇色彩，用房龙的话来说，这是一个"英雄和海盗等同的年代"。十六、十七世纪的欧洲海盗都可以获得职业许可证，但同样这也是一个充满了未知和希望的时代。那时候的世界还没有向世人展露它的全貌，未知的"黄金香料王国"就如一个蒙着神秘面纱的东方少女，吸引着热血的西方探险者远离家乡、漂洋过海而来。

东北航道、西北航道、北极、好望角、印度群岛……欧洲各国的探险家忍受海上的孤独和风暴，只为找到通往希望之地的大门。最初拿到进入这道大门"钥匙"的是葡萄牙和西班牙，他们垄断海上运输线，将其他欧洲国家困在了茫茫的"水上监牢"，香料和黄金源源不断地从印度和美洲殖民地流向这里。巨大的财富诱惑着更多的欧洲国家投入到探险当中，一批又一批的探险者从大西洋海岸出发，每个人都希望尽快加入掠夺者的行列。

很快，于1581年推翻西班牙统治而独立的荷兰人就找到了逃出"监牢"的路，他们打败了已经称霸海上100多年、此时却迅速腐朽的葡萄牙，成立了荷兰"东印度公司"和"西印度公司"，凭借祖先留下的"账房先生"的实用商业头脑迅速在海上贸易中发展壮大，成为了世界公认的"海上马车夫"，并开始了自己的"殖民地实验"，在难以想象的短时间内建立起了一个强大殖民帝国。

新尼德兰殖民地就是在这样的情况下建立的，它就位于今天的曼哈顿，而我们的主人公固执鬼彼得就以这片土地为舞台，上演了一部令人回味深思的悲喜剧。

彼得是一位根深蒂固的荷兰人，他"一直与命运对着干"。但是对于荷兰人来说，他只是"那个在美洲丢失了新阿姆斯特丹州的老家伙"，而事实却是：新阿姆斯特丹正是因为有了他，才从一片荒原的状态逐渐生出了城市的气象，一切才开始步入正轨。然而对于美国人来说，他却是美国"古代史的一部分"，如今闻名世界的华尔街，就是根据他当时带领殖民地居民修建的一条木栅栏划定的。

这个固执的荷兰人曾经在美洲大陆上建立了属于他一个人的荷兰帝国，在这个帝国里，英国人、法国人、荷兰人和平相处，天主教和荷兰归正会也没有发生宗教冲突，甚至犹太人都能在这里找到自己的价值。他是一个"能容纳各种客人"的"好的上帝"，现代都市的宽容之感在三百多年前就已经在美洲大地上显现。

正是因为彼得·史蒂文森在美国历史上占有如此重要的地位，房龙才将他如此郑重地介绍给了美国人民。从固执鬼彼得身上，我们不仅能读到一个生动有趣的故事，更能看到一个时代的缩影，一个国家的兴衰史。

当然，一贯以"向人类的无知和偏执挑战"为己任的房龙，对历史的探索绝对不会仅止于此。荷兰人是怎样得到了这块美洲的土地？最后又怎样失去了？在这期间，这块当今世界最富裕的土地上到底发生着怎样的改变？房龙在书中会一一解答。

房龙说："历史也不过是记录了很多人的生活。"固执鬼彼得生活的这片美洲殖民地的历史就是由许许多多小人物的生活构成的，所以在这本书里你能知道"历史上的一些琐碎小事"。虽然这些故事会有些琐碎繁杂，但正是这些具有殖民地特殊地方色彩和时代色彩的生动故事，才为后来美洲大陆上最成功的金融和知识中心埋下了种子。如今让世界为之惊叹的美洲精神，我们或许能从它早期的历史发展中窥探一二。

在本书中，房龙说自己"试图在某种程度上重塑彼得·史蒂文森所处的时代"，如果就房龙对于历史的定义而言，他的确做到了。房龙不仅重塑了历史，还映照了当下。对于如今那个淹没在繁华之中、自称没有历史的国家，读完这本书，你也许会有不一样的认识。

本书是房龙此部作品国内首次出版，我们在书中保留了英文原版中所有的房龙手绘插图，在翻译上也力求忠实原文，但鉴于译者水平有限，难免有错误和不当之处，敬请各位读者朋友不吝指正。

致贝莎和弗兰克事件

原 序

　　他的同龄人、上级领导以及为他卖命的士兵们都称他为"固执鬼彼得"。

　　甚至他的敌人们也为他取了个与众不同的名字。

　　对于前者的劝告，他总是一只耳朵进，一只耳朵出；对于敌人，他总会叫他们见鬼去吧！

　　他比任何人、任何事都具有荷兰的特征。

　　他顽而不骄，谦而不卑，有坚定的意志和一颗虔诚的心。而且，这些品质经常会在同一时刻展现出来。

　　他将《圣经》牢记于心，随时引用其中的内容来达成自己的目的，无论好坏皆如此。

　　若想根除某个讨人嫌的土著部落，他可以为这种小事费尽心思找一首诗，恰到好处地为自己的计划提供正当的理由。但他在经历人生的最大危机时，却仅用了《路迦福音》里的一句简单的话语，便成功地与敌人们进行了抗衡。

　　在某次战争的关键时刻，他必须表现出自己的英勇本色，为士兵们指明胜利的道路，他的一条腿因此受了重伤。平时，他对手下的安慰都怀着嗤之以鼻的态度，但在接受截肢手术时，为了提高大家的情绪，他却表现得非常开心。

他可以说是一个专制至极的暴君，然而在他所统治的那一小片领土里，初来乍到和流落街头的人们却享有很大程度上的人身自由，这种自由是西半球的任何城市都达不到的。

归根结底，他终究还是一个人。他既为自己的自立而自豪，又垂涎于所有的权力和威信。

他总认为自己与周围的环境格格不入。

孩童时代的他，居住在荷兰弗里斯兰省的一个小村庄里，总是形单影只。

长大成人后，他来到了新阿姆斯特丹，这里的人们对他也是敬而远之。

航海时，他总是待在船上的某个小地方，比如船只的偏僻角落或是现代战艇的后甲板。

他是新大陆的一名州长，家族世代信奉加尔文教，而他的住宅，似乎也像他已逝的先人们所居住的天堂一般，遥不可及。

他人生戏剧的最后一幕，上演的是哈德逊河岸边一出不常见的悲剧。那时的他一反常态，安详地和从前的臣民们生活在一起。在最后的日子里，他读了《圣经》，命令奴隶们干了些活，自己还种了一些果树。他用这样的方式等待死亡的来临，就像是以平静的心态递上辞呈，他知道，虽然自己能力有限，但一生却也已经全力以赴。

他最后交给上帝的那本账目，收支肯定完全平衡，一分钱都不差。

在这篇小序之后，我希望您尽快就坐，演出就快开始了。

现在，请首先选择好您的出口：

如果书中的故事让您感到厌倦，您大可不必因为考虑到我的感受而熬到演出最后。故事本身着实妙趣横生，但若没能留住您的注意力，就只怪您谦卑的仆人——也就是作者我——不幸能力有限，无法将其中的趣味展现出来。

亨德里克·威廉·房龙

目录

第一章 关于我们的英雄

主人公彼得·史蒂文森(Pieter Stuyvesant)的父亲是名牧师,很穷。或者说,因为他很穷,所以只是个牧师。父亲的事业并不辉煌,这点我们都了如指掌。毋庸置疑,他是一个诚实的人,布过道,也向许多小孩灌输过宗教信条。他结过几次婚,妻子们都因难产而死,却也都得到厚葬;他认真参加省里所有的宗教大会(因为通过大会可能会找到更好的工作);偶尔他也会被卷入官司当中,但他每次都败诉,还要付大笔的赔偿金。简言之,彼得的父亲就是牧师的典范,他一生美好的回忆就是把福音(弗兰纳克大学的一些认真又博学的教授对它们作了修改,只是这所大学现在已经不存在了)带给人们。他们都是弗里斯兰(Frisians)[①]当地虔诚的教徒,有的养着漂亮的荷兰乳牛,有的后来成了教师。彼得的父亲所做过的工作虽然都并不是他特别精通的,但都做得很成功。

这位称职的牧师完整的教名是巴尔萨尔·约翰尼斯(Balthazar Johannes),从这个名字可以看出他出生在 1584 年之前。这是因为

---

① 荷兰北部省份。

1584 年 7 月 10 日，荷兰共和国的创始人"沉默者威廉"（William the Silent）[1]被一个名为巴尔萨尔·杰勒德（Balthazar Gerard）的人谋杀了。此后，在尼德兰七省联合共和国[2]里，"巴尔萨尔"这个名字就很不受忠诚的公民欢迎了。并且，从弗兰纳克大学（该大学建于 1585 年，旨在为自愿入学的弗里斯兰人民提供纯东正教的教育）的记录来看，1605 年，有一个名为巴尔萨尔·约翰尼斯·史蒂文森的学生入学了。

如果我没猜错巴尔萨尔的出生年月，那么，他开始学习时已经二十一二岁了。而在十六世纪后半叶，孩子们上大学时也不过十五六岁。同时我们还知道，主人公的母亲是十六世纪八十年代出生的。所以，巴尔萨尔在当上牧师之前，很有可能在老家多克姆（Dokkum）做过生意。这样的人生经历在当时是很常见的，那时，宗教改革才刚刚兴起，宗教信仰还是人们生活中很重要的一部分。神学院的优秀毕业生会从街角的书店买来经书，周六晚上熬夜背下其中的内容；普通的制鞋匠也胸怀大志，跃跃欲试。但不管是前者的布道还是后者的故事，虔诚的教徒们听了都会很开心，不会觉得有多大的差别。

彼得父亲的故事并不重要，毕竟，除了固执这点外，彼得并没有从父亲身上继承其他任何特征。不过，也正是因为他的这种固执，别人才给他取了众所周知的绰号，也算是人们对他自身价值和尊严

---

① 也叫奥兰治的威廉（1533—1584），是尼德兰革命中反抗西班牙哈布斯堡王朝的主要领导者，荷兰共和国第一任执政，荷兰人称其为"国父"。
② 又称荷兰连省共和国，于1581年成立。

的一种欣赏吧！十七世纪的时候，这些特点确实是成为牧师所不可或缺的品质。

然而，历史无声，这些都不过是作者我的个人猜测而已。我们唯一确切知道的是，在1645年，第一任史蒂文森太太"去了更好的地方"（荷兰用这种话语隐晦地表达某人去世）。父亲为此穿了两年的丧服，然后又娶了个妻子。但那时我们的主人公已经离开了家，所以，继母就不在考虑范围之内了。

但在这里要提到一个人，那就是彼得的姐姐，那时，她跟着年轻的彼得来到了新大陆。她不仅是当时新阿姆斯特丹村里最早的一批"贵族"（因为她弟弟是头儿），而且还敢公然反抗我们伟大的主人公，这给人们留下了深刻的印象。这个女人非常有个性，她要是觉得彼得过分了，就毫无顾忌地斥责他。要知道，我们的主人公可是新尼德兰州①的州长阁下啊！这样的一个人物，应该好好介绍一下。

彼得的这个姐姐名叫安娜，嫁给了华隆一个牧师的儿子——塞缪尔·巴亚德（Samuel Bayard）。巴亚德一家在布拉班特省（Brabant）②省会布雷达（Breda）风光了很长一段时间。这个地方处在荷兰比较偏远的区域，也经历了一些不寻常的事件。当初，七个反叛省都转为新教，违抗合法的君主——西班牙的菲利普国王（King Philip），最终独立成新国。而这时，这些南方地区虔诚

---

① 荷兰于1614年至1674年在北美洲东部设立的殖民地，大致包括今天美国的纽约州、康涅狄格州、新泽西州和特拉华州部分地区。
② 荷兰南部省份。

的沙地农民们依然信奉着从前的宗教，拒绝加入反叛军。

不幸的是，这些农民买错了马。说好听点儿，就是支持错了君主。随着时间的推移，北方军队征服了南方的大部分地区，将西班牙的守卫推到了比利时的边界之后。即使到了那时，乡下那些单纯的农民们依然拒绝海德堡（Heidelberg）[1]的教条，继续背诵着尼西亚会议（Council of Nicea）[2]时立下的信条，虽略微过时，但仍然坚持。

因此，信奉天主教的南方地区成为了"被征服的省份"，由特别委员会和居民所管理。即使是最出众、最博学的南方人，也成为了缓刑期的荷兰人，他们有做不完的事情，却享有很少的权利。

这种愚蠢的政策一般都会带来同样的结果。信奉天主教的忠诚的孩子们，在这片不幸之土上获得了小烈士的尊严。他们并未受到虐待，因为那里没有宗教法庭，也不会有人执行火刑。但是，布拉班特省的所有居民却都不能到公共部门工作，也从不奢望能参加陆军和海军。十七世纪荷兰突然变得很富有，但布雷达和马斯特里赫特（Maastricht）[3]的人民却没有享受到这一成果。

简而言之，南方的天主教徒一直都只能自我安慰，称自己的生活水平"第二好"，就像男女混合制学校里女生们的说法一样。他们有时也为自己出出气，比如进行一些很死板的社会抵制运动，抵制的对象是莫尔狄克（Moerdijk，莫尔狄克是布拉巴特省一条宽河，是荷兰和泽兰的分界）以北所有的人和事。他们还拿当地的新教徒

---

[1]德国城市，1563年在此举行的议会批准了基督教改革宗的《海德堡要理问答》。
[2]也指尼吉亚会议，是指在小亚细亚的尼吉亚城举行的两次基督教大公会议，分别在公元325年和公元787年。
[3]荷兰东南部城市。

出气，把这些新教徒贬低为小物种，小到几乎感觉不到他们的存在。

很少会有北方人冒险踏入这片沙漠，当然也有例外。比如，为数不多的官员：他们需要监管法律；一些牧师：他们传教时都没有人来，教区居民们都参加秘密团体去了；还有小要塞里的军官：他们需要维护征服区的治安（这点很令人不齿，因为这片社区明显就很和平，很受人尊敬，根本不需要他们）。

巴亚德一家也抓住了第一次好机会，从原来无聊的环境中逃脱出来，来到了莱茵河畔的阿尔芬（Alphen），这座宜人的小村庄离莱顿市（Leyden）①不远。夫妇两人为了庆祝搬家，找人给自己画了像。这个艺术品现在还存在，上面画着一男一女，他们坐在一座富丽堂皇的大楼前。这栋大楼可能就是他们在乡下的房子，也有可能是村庄里的酒店。不管怎么说，这都有力地证明了：他们在新社区里是非常有面子的。毕竟，只有"富人家"才拿得出钱让人作一幅如此富丽堂皇的画。

塞缪尔·巴亚德在 1644 年初便永别了这样的生活，他的遗孀——也就是彼得的姐姐安娜——搬到了新尼德兰（New Netherlands）。1656 年，她被赐予了新阿姆斯特丹州（Nieuw Amsterdam）的一块地，用于为自己和孩子修建房屋。

关于彼得的直系亲属，就先介绍到这里。

史蒂文森这个姓在荷兰比较普遍，人们也尝试将固执鬼彼得跟其他姓史蒂文森的人联系起来，于是从尼德兰七省联合共和国的各

---

①荷兰西部城市，位于海牙东北16公里处。

个角落找出这些人，有重要人士，也有无名小卒。但这位强势的新尼德兰州州长阁下却似乎并没有什么近亲远戚，自然也没有人来找他行方便。所以，我们完全可以相信，在这样一个放眼皆是兄弟姐妹叔叔阿姨的世界，主人公之所以受到欢迎，完全是靠自己。没有亲戚也好，这样，他就可以把大部分时间花在关系到自己利益的事情上。彼得是个明智的人，所以他在这方面很成功。他在世界上声名鹊起，却又不同于商人和银行家那群内部人士。商人和银行家在不到十二年的时间里，就把本不属于自己的新共和国变成了他们的私有财产，而彼得倾尽全力，只想保护自己已得的东西。

但是，十七世纪的荷兰与我们美国还是有共同之处的。当时社会的工作量大大增加，而有领导才能的人却很紧缺。相对而言，一个人只要有雄心，只要愿意加班加点，就能走在前面。

年轻的彼得一开始只是西印度公司的职员，管理公司在巴西的贸易站；后来便成为了库拉索（Curagao）①的州长，处罚了委内瑞拉海岸那些老奸巨猾的走私者；再后来，他寻找新的方式来实现自我价值，却差点因此丧命。那时，他作为指挥官开始远征，前往葡萄牙征服圣马丁岛，却以失败告终，他的一条腿被枪击中，伤势严重，让他不得不回到荷兰接受治疗。

前面我有提到，阿尔芬市离莱顿市非常近。而且当地的医学教授们也很有名，专攻解剖和外科手术，拥有来自世界各地的学生。

---

① 位于加勒比海南部、靠近委内瑞拉海岸的一座岛屿，当时是荷属安的列斯群岛的一部分，2008年改制为荷兰王国的自治国。

于是，史蒂文森来到这里拜访姐姐。这次拜访收获不小，虽然他被截去了一条腿（这条腿受伤后也没什么用了），但却娶到了一名妻子。对于他这个一意孤行的殖民地官员来讲，这名女子可以算得上是绝佳配偶，她从来不说话，一向都只做名人丈夫忠诚的影子。

我应该在这章的结尾多叙述些史蒂文森的个人生活，比如：他都喝什么酒？吃得怎样？平时不和新大陆的烦人臣民吵架时，都有什么娱乐活动？他坐的椅子是什么样的？说英语是否能像葡萄牙人那么好？每一部现代的人物传记里，这种小细节总是不可或缺的部分，但如果我真的写得这么详细了，恐怕就成小说家了。

举个例子吧，每个孩子都知道，这位最后的荷兰州长只有一条腿，但具体是哪条腿被截肢了呢？我们并没有他的全身照，而与他同时代的人谈到这个问题时都沉默不语。几年前，包厘街的圣马可教堂地下室搞维修，人们在这里发现了州长大人的棺材，顺便检查了里面的东西。棺材里，州长大人的身体依然保持着良好的形态，颇像他生前，固执得不肯改变。接着，人们就明白州长到底是哪条腿被葡萄牙人的炮弹打中了。

对于我们美国人来说，史蒂文森是个很重要的人物，他就是我们古代史的一部分。但对于十七世纪统治了半个世界的荷兰人来说，他们才不会留意每个小官员的姓名。这些小官员不过是在世界某个偏僻的小角落，干着一份平庸的工作，工资一年也只有三千。1666年以后，如果你随便问阿姆斯特丹交易所的一个商人："谁是彼得·史蒂文森？"这人可能会说："史蒂文森？我想想……市政楼后面有个做皮革生意的人也叫这名字，我们曾经也有过一个叫史蒂文森的园丁，但他后来在郁金香热潮里发达了，跟牧师的老婆私奔了。现在嘛，我再想想……彼得·史蒂文森？啊，想起来了！我知道，不就是那个让我们在新大陆失去了新阿姆斯特丹州的老家伙吗？"

这就是生活，这就是历史（历史也不过是记录了许多人的生活）。

这个世界几乎只尊重一个东西，那就是结果。

不会有人提出问题。

不会有人对细节感兴趣。

人们想要的只是结果。

有结果，大家就满足了。

没结果，大家就愤怒了。

对普通人来说，史蒂文森不过是"那个在新大陆失去了新阿姆斯特丹州的老家伙"。

而事实上，丢掉了曾经的美国殖民地上最宝贵部分的，正是这些目光短浅、漠不关心的普通人。这个最宝贵的部分与之前的领土完全不同，史蒂文森肯定也不会想到最后会是这样的结局。

但是现在，可怜的彼得已经去世两百多年了[1]，所以，在讨论史蒂文森和世界的看法时，我们也不必太过激动。

彼得·史蒂文森是一个诚实勇敢的人，但并非聪明绝顶。有时他太保守，不能理解他所处的新时代。就是这么一个人，在危机降临时，迎难而上，处理了无人能够成功解决的事情。

---

[1]房龙此文写于1928年。

史蒂文森生命中的这个危机仅持续了一周。

人们发现新大陆，随后进行探索和剥削，于是带来了这次危机。而发现、探索和剥削这一过程则持续了五十七年之久，按原始的医疗水平来看，这是将近两代人的时间。

在这五十七年的时间里，殖民地在逐渐地衰退，最终被收复。比起史蒂文森死时令人震撼的尖叫，政治组织里的学生可能更关注殖民地衰落的故事。

在这里，我先把主人公放在一边，带读者们回到很久很久以前。但我不会谈论太多"当时事情到底是怎么发生的"，而会侧重于"为什么事情一定会按照它所发生的方式发生"。

总的来说，我认为，我们这次回到过去的旅行会给史蒂文森带来好处。你们也有可能会知道历史上的一些琐碎小事，这些可比美国偏远地区某个七级村庄里的每日八卦要有趣多了。

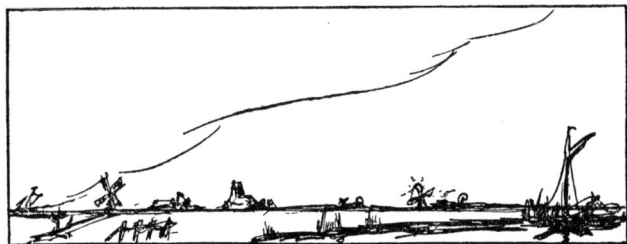

弗里斯兰

第二章　中　国

　　尼德兰七省联合共和国的历史，记录了人与土地之间无止境的斗争。在史前时期，东部是一大片沼泽地，一条狭窄的沙丘带保护着这片区域不受北海巨浪的影响。在这片沼泽荒地上，较为坚强的植物逐渐生长了起来。这些低等植物在无边无垠的沼泽地里扎了根，茁壮成长。接着，来了些鸟儿、水獭和海狸，这些动物也发现了这块安全舒适的地方，开始在这里繁衍后代。后来，人就来了，一开始住在狭窄的海岸线边，靠吃野兔为生，之后就迁移到了一毛不拔的内地，因为那里至少不会经常漏水。人们修建了堤坝，连接了岛屿，于是人与水和土地之间无尽的斗争就开始了，今天仍在持续中。下一批来的是罗马人，他们在这里修建了道路，建立了法律秩序，划清了国界，这些都是必然的结果。当然，还少不了收税的人。接下来，早期居民与罗马征服者之间打起了仗，罗马联邦大溃败，要塞被撤，道路被毁，工厂消失了，堤坝也被忽视了。于是，洪水暴发，灾难肆虐。当地虽然赢得了独立，却弄得一团糟。接下来，大迁移时期到来了，持续的人潮穿梭在欧洲大陆之间，没有秩序，也没有原因。

几十万人从"某地"来，到"另一地"去，奔波在去往乐土的路上，却不知乐土一直都"近在眼前"。

这次东迁并没有太多地影响到低地国家。歌特人（Goths）、伦巴族人（Longobards）、汪达尔人（Vandals）以及所有其他人，都知道沼泽地是什么样的。所以，本能上他们就朝着意大利、西班牙和非洲北部这些肥沃的地方而去。之后的五百年内，欧洲大陆上这块偏远的区域反而因为被人忽视而尽享和平，比起因利益而起的战争，这可要好多了。

接着，这个北欧大熔炉里的内容开始渐渐分不清彼此了。总会有一些胸怀大志的法兰克或撒克逊族长，将自己的农田和土地联合起来，使其成为某种能令人想起过去罗马帝国的东西。罗马主教派来了一些信使，他们和新的政治领导携手合作，向北方和东方的荒芜地带推进，积极地让异教徒们拥有新的宗教信仰。这种新的信仰可以为人们带来快乐，保护他们的现有财产，比相信奥林匹斯山和瓦尔哈拉殿堂①的诸神要好得多。

可惜，好景不长。后来，这些类似豆腐渣工程的小王国重蹈了所有政治体的覆辙，它们逐渐解体，分化，又再细分（正如所有原始组织一样），很容易便遭到一群精力十足的"公路响马"的抢劫掠夺。这群响马有伯爵、公爵、主教以及一些地位不高的骑士，他们自命为西欧的霸王。一开始"人与人斗争"的混乱场面被他们一搅和，成为了"组织与组织斗争"的另一种混乱场面。这种场面看似更有组织有

---

① 北欧神话中的天堂。

纪律，但与从前相比也好不到哪里去，不过毕竟也算是有所进步。

低地国家也经历了相同的遭遇，只是这些国家的人民略带感激地接受了他们，并认为这是一种解脱。城堡高墙后面的那个强壮的人可能会是个神经病，但危机出现时，他却总能证明自己的能力，成为实实在在的天赐良君。

"主啊，让我们远离那些暴怒又野蛮的北欧人吧！"这句话在当时可不仅仅是一句祷告词。三百多年来，欧洲那块土地日日夜夜都遭受着毁灭般的入侵。理论上讲，还会残留一两个撒克逊国王或罗马帝王，抵御那些从寒冷北方来的长毛刺客。但事实上，这些国家都处在最黑暗的内地，几乎濒临破产，诸侯也不守规矩，根本没有精力建立一支军队来保护外部地区。因此，边远国的君主们失去了权利，而临近的年轻君主们却越来越强大。在这些年轻君主看来，自己就是暴君。但他们也同时希望臣民能够养活他们，所以他们也会尽力保证臣民生活安康，毕竟这也符合他们的利益。于是就有了不时出现在海边和公路边的驻守军队；于是，北欧人、丹麦人、维京人以及一切与水有关的人种对其他国家的突袭慢慢减少了；于是国际贸易开始缓慢却稳定地恢复；于是繁荣商业也有所回温。随着这种繁荣，逐渐有了一些文明进步的现象，偶尔出现了一两所学校，罕见地培养了几个画家或诗人。他们将所有人从之前的无聊生活中解救了出来，不再终日行走在精神的原始丛林了。

接下来，我们必须弄清楚现代历史学家所谓的"经济方面"。

大自然对低地国家一向很吝啬，那里土地潮湿，气候糟糕，冬天又冷又长，夏天多风又短暂。但是，补偿法则无可厚非地赐予了他们一个很大的优势，那就是他们处于连接英格兰、德国、斯堪的纳维亚半岛和法国的主要道路之上。简而言之，对于欧洲西北部通商的国家而言，这些低地国家是理想的中转站。最初，莱茵河和默兹河（Meuse）①河口的小城市地位太低，无法参与到贸易中。但他们逐渐变得大胆，偶尔也修建一艘船只，加入国际贸易的大部队，这些人都怀揣着"自由海洋"的理想。当时，一些商人会在海上遭遇掠夺，他们也很淡定，因为抢劫是海盗和国王都认可的一种工作。

接着，神奇的事情就发生了，须德海（Zuyder Zee）②沿岸的一些小镇仿佛一夜暴富，镇里的居民做梦都没想过会发生这样的事情。

而带来这一切的，是那些看似不起眼的鲱鱼。

确实如此。

中世纪的人们对自己的信仰都是坚定不移的。

当时，普世教会的罗马分支逐渐破除了所有竞争教会的信条，它的法律可以覆盖从维斯瓦河（Vistula）③到泰晤士河（Thames）以及从北角（North Cape）④到巴勒莫（Palermo）⑤的所有区域。新教条的始祖极为痛恨所有关于"性"的东西，因此立下规则：哺乳动物的肉所含的营养比鱼肉少（事实上是鱼类在性欲方面不如哺乳类动物），斋日和宗教节日不能吃猪肉、牛肉、羊肉和牛犊肉。

①欧洲河流，自法国东北部流入比利时，经荷兰注入北海。
②直译为"南海"。原指荷兰西北部海湾，与北海相连。1932年荷兰政府修建堤坝，被分成了瓦登海与艾瑟尔湖两部分。
③又称维斯图拉河，中欧和波罗的海水系第一大河流，全长1068千米，流域87%在波兰境内。
④位于挪威北部的一个海岬。
⑤意大利西西里首府，西西里岛西北部港口城市。

这对于那些居住在海边或河边的人来说，确实不难。但对于内地的居民而言，没有冷冻设备就无法享用美味的鱼餐，所以，他们想起斋日和宗教节日就郁闷至极。

看，西兰省（Zeeland）①出现了机灵的渔夫！他可以拯救病恹恹的鲱鱼，让它们连续几个月都保持鲜活的状态，这样，就可以把它们从欧洲的一边运到另一边了。

这简直就是给中世纪的菜单加上了一道大受欢迎的菜，也给低地国家的渔夫们带来了上百万美元的进账。鲱鱼从波罗的海迁徙到北海，将有利可图的捕鱼场移到了离荷兰海岸仅仅几百英里的地方，这无意间给渔夫带来了巨大的好处。于是，不久之后，所有的荷兰人都捕鱼去了。但当时还没有深海捕鱼网、蒸汽挖泥机、蒸汽拖网渔船和钢索，捕鱼只能在一年的某个时间段进行。这是因为，在其他时间里狡猾的鲱鱼会游到海底，将鱼卵产在秘密的地方。于是，恩科赫伊森（Enkhuizen）、霍恩（Hoorn）、维里（Veere）和阿讷默伊登（Arnemuiden）的水手们不得不度过一段无所事事的日子，这也就意味着没有收入，许多人家里的妻子和小孩儿只能挨饿。这些诚实的船长在鲱鱼的产卵期另寻他就，是再自然不过的事了。他们想起了遥远的波罗的海东岸，那里有很大的粮仓，只是，粮仓里面的东西却经常因为没有运输工具而白白浪费。

十四世纪的务农手段其实跟四世纪一样落后。当时，人们接受的教育是要他们把自己的生活当作是卑劣至极的错误。他们受人教

①荷兰西南部的一个省份，主要由岛屿组成。

14

唆（也有可能是自愿），相信世界是邪恶的，充满眼泪，而真正的生活要到死亡的那一刻才会来临。如果不摆脱这些思想，就不可能改善大多数人的生活条件。后来，数百个先驱出现了，他们开始传授可能带来杀身之祸的异教说：天堂就在你的家里。此时，从前阻碍着人们寻找精神愉悦和身体舒适的障碍才开始瓦解。

但是，在我现在所说的这个时代，卡洛林时代（Carolingian）留下的效率低下的旧方法依然受到人们的尊敬，被用在种植、播种和打谷当中，结果就带来了饥荒。而人们解决饥荒的办法，仍然是向至高无上的、公正的上帝祷告，但不幸的是，上帝只帮助那些自助的人。

中世纪的每个荷兰人都非常虔诚，绝不贪图不义之财。但是只要手段正当，多赚点钱当然更好。于是他们开始运谷子和小麦去卖，这并不会对谁造成伤害，刚好当时也缺这种生意人。而且，他们还可以借此从那些懒惰无力的北欧人身上获利。渔夫找出渔船，好好洗刷一番，这样渔船就变成了运输谷物的货船，接着就扬帆去往东海（Eastern Sea，中世纪对波罗的海的称呼）。在波兰、立陶宛富裕的黑土上，他将值钱的谷物装满了船，再以高价卖给那些饥饿的西班牙人、葡萄牙人、法国人和意大利人。事成之后，他会感激万能的主，让他有机会成为卑微的运输人，给这些善良的人民带来粮食，保住他们的性命。

经济发展的法则很自然地循环了下去。于是，业余的钓鱼人变成了专业的渔夫，捕捞鲱鱼的渔夫们地位大升，成为了谷物运输人。

就差一步，这些渔夫就能成为成熟的国际商人了。

但就在此时，另外一件事情发生了。荷兰人束手无策，他们的地位因此受到了长期的威胁，很有可能又被贬为从前的小商小贩。有些人因为知道去往中国的道路而富得流油，如果渔夫们的地位下降，就永远也成不了那些人了。

无论我们写了多少有关祖先的东西，无论我们是如何费尽心思站在那些生活在几百年、几千年前的人的立场上，我们都不可能成功地描绘出一个已逝多年的人。

就拿我们对一些东西的态度为例，比如简单常见的胡椒、丁香和肉蔻粉。如今，印度和中国的交易市场关门后几分钟，电报新闻机构就能给出这些香料的报价，告诉我们目前全球现存多少袋胡椒或肉蔻粉，明年能生产多少，当天的最高价和最低价又是多少。现在，大家可以试想自己回到了古代，那时，你家桌上若是摆了个胡椒粉的磨子，就能说明你是欧洲的统治阶级。当时的人们立遗嘱，肉蔻粉都是需要特别提到的东西。勃艮第（Burgundian）的女性皇位继承人曾遭到全世界人的嫉妒，仅仅是因为她有一双丝质的长袜。

如果你能想象当时的情况，你就能理解热那亚（Genoa）[①]和威尼斯（Venice）这些奇怪的城市共和国为什么在当时如此有权有势。这两个地方当时平分了所有的东方贸易，它们利用一队强势的战船，守住了所有通往卡利卡特（Calicut）[②]和日本（Zipangu）的道路。

①意大利西北部的港口城市。
②印度南部喀拉拉邦的城市。

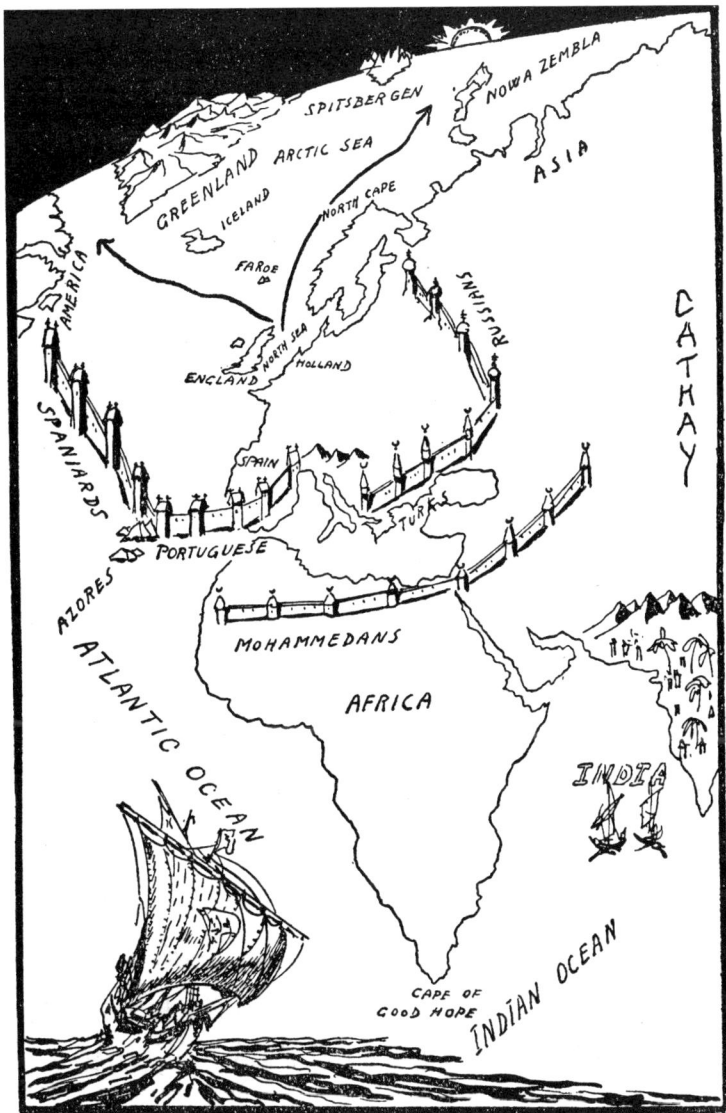

监牢

17

自然地，想办法修一条通往印度地区的独立的新道路，且不受土耳其人、热那亚人和威尼斯人的阻碍，对当时的很多人来说都是极为重要的事情。

就有这么个意大利冒险家，他带领着三艘西班牙船，找到了通往那满地黄金的地方的路。若没有他们，这个地方可能永远也不会被发现。还有一位葡萄牙的船长，他找到了里斯本和卡利卡特之间直通的水路。接着，伊比利亚半岛的统治者们攻占了亚速尔群岛（Azores）和佛得角群岛（Cape Verde Islands），他们划下界线，不让任何北欧的船长通过。强行通过的船长将会一辈子被铐在阿拉贡①人（Aragonese）或阿尔加夫②人（Algarvian）船上厨房的凳子上。这些都是事实，现在，想象一下这些北欧和西欧人听到以上消息时是什么样的心情。最初，西班牙人和葡萄牙人与印度和美国的生意做得很成功，于是北海便成为了无数磨坊聚集的池塘，规模相当大。虽然人们还是可以去北海捕鱼，还是可以载着谷物穿过这里，但"赚大钱"（通过与东方做生意赚钱）的权利却只为西班牙和葡萄牙最虔诚的天主教徒所专有。

继达伽马（Vasco da Gama）和哥伦布（Columbus）的发现之后，又是什么情况呢？旧世界那些没有继承权的人，可能终其一生都没见过一美元，可是突然间，天上就掉下那么多的金银财宝。这造成了有史以来最具毁灭性的危机：经济的动荡加速了人们对教堂的不

---

① 西班牙东北部自治区。
② 又称"阿尔加维"，葡萄牙东南部城市。

满，因为当时教堂掌握所有的权力，却非常腐败，对人们实行各种暴行；大众的这种不满推动马丁·路德（Martin Luther）[1]——一个德国的僧侣——成为了勇敢的领袖；持续的斗争使得欧洲分裂成了两个敌对的派别。以上这些事情，严格来说其实并不属于我们这里所谈到的历史。

荷兰的水手早已在夜班守望时习惯了内心深处的孤独，他们从小就受训，要过独立行动的生活。南方的同胞只是种田、养羊，偶尔厚颜无耻地拍拍君主的马屁。比起这些人，水手们更会为自己着想。哈布斯堡（Habsburg）[2]人与荷兰人一向有着经济上和信仰上的冲突（哈布斯堡人抢夺土地的行为在中世纪是出了名的，他们通过很小的"投资"就占领了北海附近的小岛），双方争吵了近一个世纪，最终反叛地区获得了完全的独立。说到这里就够了。

但是在此之间，在胜利的钟声告诉守望的人们，明斯特（Munster）[3]终于迎来了和平之前，一些异教徒还是经历了很长一段难熬的时间，几十载都活在失败的氛围中。也正是在这段不幸的时期，他们为那奇妙的殖民帝国打下了基础，这个帝国将德国皇室的号角带到了我们可爱的地球的每个角落：七大洋、七十个湖泊、七百七十七条河流及其分支。

---

①马丁·路德（1483—1546），十六世纪欧洲宗教改革倡导者，新教路德宗创始人。
②哈布斯堡王朝曾经是欧洲历史上统治地域最广的王朝，十六世纪中叶分裂为西班牙和奥地利两个分支。
③德国西北部城市，十二世纪建城，汉萨同盟成员，威斯特法伦地区文化中心。1648年在明斯特签定的《威斯特法伦和约》结束了一场长达三十年的欧洲战争。

第三章 出逃之路

　　这些强壮的异教徒们一路上并没有什么愉快的新发现，从圣米格尔（San Miguel）到圣文森特角（Cape Saint Vincent）①都有人严加把守。并且，穿过菲尼斯特雷（Finisterre）②之后，荷兰水手又怎么可能穿越 10° 经线的海域或是找到出海的方向呢？而东方是斯拉夫人（Slav）和鞑靼人（Tartar）居住的无尽的平原，从那里通过的难度更大。

　　只剩下一条出逃之路，那就是穿越瓦伊加奇海峡（Strait Vaygach）③，通往北极的冰路。这是最后的选择了，英国和德国的水手决定冒险一试。很多人在路上死去，有些人的尸骨埋在了新地岛（Nova Zembla）④的凯恩斯港口（Cairns）之下，有些人的坟墓留在了斯匹次卑尔根群岛（Spitzbergen）⑤。幸存者来到了萨摩耶半

---

①圣文森特角位于伊比利亚半岛西南角的突出部，在现今的葡萄牙境内。
②位于西班牙西北部加利亚大区西海岸，古罗马人统治伊比利亚半岛时，这里被认为是欧洲大陆的最西端。
③俄罗斯北部的瓦伊加奇岛和主大陆之间的海峡。
④俄罗斯西北部群岛，位于北冰洋，位于巴伦支海与喀拉海之间，主要由南、北两大岛组成。
⑤又译斯瓦尔巴群岛或斯瓦尔巴特群岛，挪威的属地，位于北冰洋的巴伦支海和格陵兰海之间。

岛（Samoyede Peninsula）①，这才留下了他们的故事。

而此时在国内，破产法院的记录表明，这些无用的冒险造成了巨大的财产损失。当时那些头脑冷静的商人坚信可以走出这条路，殊不知，这项事业在开始之前就注定失败了。

他们投入如此之多，是因为私底下大家都希望自己成为穿越东北通道的"林德伯格"（Lindbergh，美国飞行员，首个进行单人不着陆的跨大西洋飞行的人）。永久的功名和荣誉正等着第一个驾船穿过白雪覆盖的切柳斯金角（Cape Chelyuskin）②荒地的人。

但是今天我们已经知道了，切柳斯金角不过是一段可怕的航海的冰山一角，所以当时只有一个人活下来讲述了航海的故事。当时，水手们坐上了三四十吨的小船，带了些不怎么好的食物和衣物，也没有详细的地图，更没有高级的工具，就出发了。他们认为这样能

东北航道

---

①位于今俄罗斯北部靠近北极圈的一个半岛，属古萨莫耶德语族。
②位于俄罗斯泰梅尔半岛北端，是欧亚大陆最北点，1742年被探险家西美昂·切柳斯金发现，原名东北角，1842年改名。

21

成功，仅仅是因为他们无限地相信自己的能力，并且深信《旧约》中那些故事在北极同样也能鼓舞人心，因为在他们熟悉的北海海域，它就起到了作用。

剩下的问题是：这些人到底对这条道路了解多少？

在这里，我画了个小地图，让大家看看他们伟大的征程到底基于多么稀少的信息。

西北通道理论图

北冰洋的西北部之前就已被北欧人完全探索过了。他们从法罗群岛（Faroe Islands）①搬到了冰岛，几年后又从冰岛搬到了格陵兰（Greenland）。他们到达格陵兰的西岸后，拉布拉多洋流（Labrador）自然就会带他们穿过戴维斯海峡（Strait Davis）②，来到新西兰

---

①由位于北大西洋中的18个岩石岛屿组成，是丹麦王国的一个海外自治领。
②巴芬岛和格陵兰岛之间的海峡，南接拉布拉多海，北连巴芬湾，是西北航道的一部分。

（Newfoundland）荒凉的海边。

但从遥远的北冰洋传来的消息少之又少，就算有，也都非常令人沮丧，所以很少有人愿意冒险走这个方向。当时北欧人在那里肯定发现了一大片土地，可以随他们处置。他们可以留着自己用，也可以将它抛给一些神秘人物。这些神秘人物胖得脸都快挨着肚子了，并且都非常有特权。

但是，这道缺口，这道神秘的、从北极直接通往忽必烈（Kublai Khan）金色王国的缺口，到底在哪里呢？

没有人见过这条缺口，或许它根本就不存在。把精力放在东北方向的捷径上是更明智的选择，毕竟那里的条件要有利得多。顺着这条路线，首先来到的地方是罗弗敦群岛（Lofoten Islands）^①，这里到处都是北欧的野蛮渔民。但是，这些渔民毕竟都是基督徒，所以遭遇海难的朋友也会受到他们的热情款待，虽然方式很粗糙，但也令人满意。下一站是北角，那里倒是没有什么过不去的坎。从北角往东，可以沿海岸线航行，一直到萨摩耶人的地盘。他们都长着斜眼，都是异教徒，但却不会伤害别人。他们比较欢迎陌生人，总想用一串鱼干换取一些不值钱的玩意儿或一支短枪。

接下来，困难来临了。首先是那无尽的浮冰，浮冰可以像碾碎核桃壳一样毁掉一艘船。然后是一片较低的山脉，它突然从水底冒出来，一直朝正北方向延伸几百英里。这条山脉其实只是一个名为新地岛（Novaya Zemlya 或者 Nova Zembla）的岛屿，岛屿与大陆之

---

①挪威北部挪威海中的群岛。

23

间是瓦伊加奇海峡，从海峡可以直达喀拉海（Kara Sea）[①]。他们经过的这片海域叫白海（White Sea），从名字就可以看出，这片海域终年被浮冰覆盖，要从这里通过，到达下一个重要的地标——切柳斯金角，难于登天。若是到了切柳斯金角，西伯利亚海岸线就突然消失了，那么，从那里再到太平洋，航船就只需要不过一天的时间。当时人们知道的也就这些。

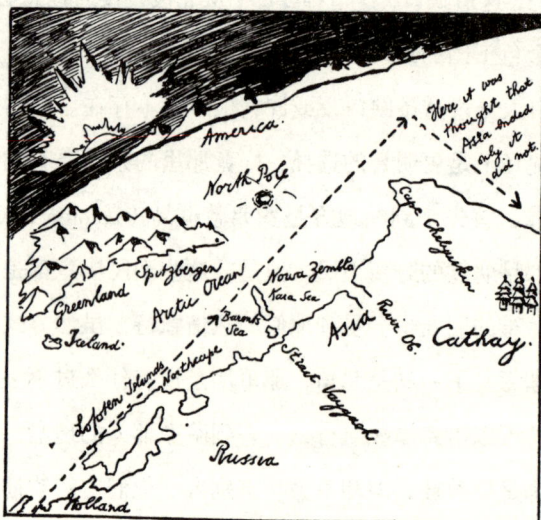

东北通道理论图

就在这片区域，专业地理学家起到了大作用。很早以前，人们坚信北极是个又宽又深的坑，地球上所有的大河最终都会在此汇集。后来人们发现，这一说法不过是某个水手自己编造的故事。新的理论说，北极其实没有那么残酷，人们觉得这个更有道理一些。小时

[①]俄罗斯西伯利亚以北，北冰洋边海。

候的一些讨论让我们认为南极非常炎热。与此相似，新的理论想要证明北极其实是热带区域，被一片无冰海域所覆盖，在安全通过了西伯利亚、格陵兰和斯匹次卑尔根周围的寒带之后，航船就会变得很平稳了。

我们生活在发达的时代，自然会觉得这个理论与"月亮是新鲜乳酪做的"一样荒谬。但在史蒂文森的父亲年轻时，人们认为这个理论是一个很有根据的事实。没有人见过那片无冰海域，但是，又有人真的"见过"万有引力定律吗？又有人真的去过火星，观察过地球是不是圆的吗？

对于目前的这些以及从前的大多数问题而言，重要的不是真实与否，而是大多数人是否认为它真实。十六世纪后半叶的水手们坚信自己可以沿着一条直线穿过北极，从欧洲到达亚洲。

这当然是可以的。

阿蒙森（Amundsen）和诺毕尔（Nobile）曾经驾驶飞艇成功抵达。但我们依然记得，1926年他们进行此次飞行时，极为危险，我们也

韦拉扎诺

25

看的十分紧张。于是大家都明白了，想用一艘又小又不灵活的帆船进行同样的试验，那得需要多少勇气啊！而且，这艘帆船小到可以装载在现代渡船的甲板上。而且，帆船上除了厨房里的炉子，没有任何供暖设施。

现在，我就按照时间顺序叙述从十五世纪末到十六世纪初——也就是从亨利·哈德逊（Henry Hudson）从北极出发，到他最后抵达奥尔巴尼（Albany）①的这段时间——都有些什么收获。

哥伦布声名远扬的那次航海（其实他是第三个发现美国的人，第一次的发现人来自亚洲北部，第二次是北欧人）的五年之后，两位意大利船长冒险地选择了西北方向的通道。这两人是父子，姓卡伯特（Cabot），为英格兰国王亨利七世效力。父亲约翰·卡伯特（John Cabot）是个多才多艺的人，吃苦耐劳，冒着生命危险去参观圣地麦加（Mecca）。他为当代地理知识做出了很大的贡献，拉布拉多和新西兰曾经从地图上消失过，是他将它们重新加在了地图上。但就通往印度地区的通道而言，他没有发现什么有用的东西。他的儿子塞巴斯蒂安（Sebastian）受雇于英格兰国王、法国国王以及威尼斯共和国，是个不知疲倦的积极分子，但也没有取得什么成就。

威尼斯的韦拉扎诺（Verrazano）和法国的卡蒂亚（Cartier）二人也同样没有进展。韦拉扎诺是第一个在暴风雨中窥见了纽约海岸的白人；卡蒂亚曾进入了一个很宽的海湾，他认为那就是人们一直寻找的缺口，而后来他发现，那只不过是另一条河流的河口，这条

---

①纽约州首府。

河随后由他命名为圣劳伦斯河（Saint Lawrence）。

再后来，英国政府想起了一个方案，这是塞巴斯蒂安·卡伯特在死前详细规划出来的。这个方案提供了一条从东北方向通往印度地区的可行道路。1553年，一小队英国商人组成了舰队，在休·威洛比爵士（Sir Hugh Willoughby）的带领下，由理查德·钱塞勒（Richard Chancellor）掌舵驶向北冰洋。当时已是年末，来不及了（这些荷兰和英国探索者不管什么时候从自己国家的港口出发，到达极地水域时都"来不及了"）。他们驶过北角时，一次可怕的飓风将威洛比和钱塞勒分开了。威洛比的日志在他死后被发现了，从这些日志中可以看出，他在1554年依然活着，此后我们就一无所知了。这次航海就这么停滞了，船员也饿死在挪威某地，这个地方现在成了夏季游客的游乐场。

钱塞勒比他的上司幸运，他被吹到了一个宽阔的海湾（该海湾从此命名为白海），随后来到了现在的阿尔汉格尔（Archangel）①小镇。他从小镇出发，短暂地拜访了神秘的俄国国王。国王热情款待了他，并派人将他送回了家，还向他的情人——美丽的贝丝（Bess）女王问好。

三年后，钱塞勒进行了第二次发现之旅，但不幸溺水身亡。他的后人——斯蒂芬·伯勒（Stephen Burrough）、亚瑟·佩特（Arthur Pet）和查尔斯·杰克曼（Charles Jackman），也没比他好到哪里去。

---

①又称阿尔汉格尔斯克，阿尔汉格尔斯克州首府，位于北德维纳河河口附近，曾为俄罗斯重要的港口。

他们确实在航海中幸存了下来，并发现了一些海湾和海角，偶尔还能遇上某条小河。但他们所有的观察结果和结论，大部分都是很令人沮丧的。

最好的结局，就是这些北极狂热者能与西伯利亚海岸的一些俄国商人建立有利可图的商业关系。我们听说了一个叫奥利维尔·布拉尼（Olivier Brunei）的难民，他是来自安特卫普（Antwerp）①的新教徒，在荷兰找到了自己的新家。这个人成为了著名的俄国公司——斯德罗戈诺夫公司（Strogonoif Company）的一员，游遍了俄国北部和西伯利亚西部。他第一次带回了可信的消息，说那边有条名为鄂毕河（Ob）的大河。

但截至此时，所有的消息都很令人失望。人们竟然愿意冒着生命危险去中国买香料，还不如从萨摩耶人那里买鱼干呢！

故事的桥段总是类似，这时，不可思议的事情又发生了。

在须德海（Zuyder Zee）的恩克赫伊曾（Enkhuizen）镇上，有个叫林苏荷顿（Jan Huyghen van Linschoten）的小男孩，他非常喜欢旅游。最开始，他到里斯本去学了葡萄牙语。他本身是个新教徒，但他对新教并不是特别热衷，所以就加入了天主教。这样，他就可以当葡萄牙果阿（Goa）②大主教的贴身男仆和机要秘书了，并且还以此身份去探索了整个世界。他跟着主人到了印度地区，住在马拉巴尔镇（Malabar）。

---

①比利时最重要的商业中心、港口城市和法兰德斯地区的首府。
②510年开始，葡萄牙统治了果阿旧城，即如今印度的果阿邦，当时这里是葡属印度的行政中心，也是基督教传播中心。

林苏荷顿在天主教的环境下生活了五年。在这段时间里，他不仅替大主教做买卖，还学习了东方的生活方式。随后，他的旅行欲望突然转向了自己的祖国，于是他回到了国内。当时，他已经是一本活字典了，精通印度的信息，清楚去往香料王国的道路，还认识葡萄牙最精湛的水手们。他是一个很爱国的人，所以他写了一本书来公开这些秘密。国内同胞都非常感激他，他们为他献上了精美的奖章，还将他立为国家英雄。

这位年轻的环球游客写下的报告比较简短，但对荷兰的商人来说还真是派上了大用场。他们第一次获得了一些实际的消息，能够以此为基础将生意做到远东去。很快，低地国家就分成了两个阵营：第一阵营的人依然坚信，北极那条路是去往印度地区最有利的捷径；另一阵营的人指出，一个世纪以来北极的那条路带来的只有失望，他们推荐直接从好望角到达目的地。

第一阵营的人明显都是垄断者，他们认为一旦找到了属于自己的道路，就会带来很大的优势。他们指着地图上的瓦伊加奇海峡说："到时候我们就加固这些狭窄的道路，不让别人通过，这该多美好啊！"他们进行了复杂的计算，证明从阿姆斯特丹经由北极最后到达北京的路线，是经由南非和马达加斯加（Madagascar）路线的长度的五分之一。

但是，其他人已经厌倦了他们浮夸的计划，这些计划最终都以船员患上坏血病或沉船的悲剧而告终，无一例外。"点子是很好，"其他人说，"加固瓦伊加奇海峡的方案是不错，但你说的这个门不能通向任何地方，加固了又有什么用呢？"这些垄断者也没有轻视这长达五千英里的航海路程，因为当中还会穿过敌人的领土【亚历山大六世（Pope Alexander VI）为图方便，将整个世界分成了两半，一边属于他自己的国家西班牙，另一边则属于邻居葡萄牙】。但他们经过深思熟虑之后，最后还是决定，最好只带加固北极要塞的枪支，再加上几艘帆船就够了，剩下的事情他们只需要听天由命，寄希望于荷兰的枪支弹药的质量上。其实他们还不如多花几百万好好调查一下那所谓的"无冰海域"呢，这整片海域其实都是一堆冰块。

两个阵营虽然吵得不可开交，但很快也就妥协了，这也是荷兰人的特性。他们决定分两队远征，一队向北一队向南。国内的人们就喝喝酒，打打赌，看谁先回来。

北极的那队人——或者说北极那队幸存的人——是第一个回来的。他们身穿熊皮衣、头戴白狐帽走过大街，给大家留下了深刻的印象。所有人都认为他们构成了很生动的画面，但是，他们的故事却是一出悲剧。

他们这队人出发之前的准备可不是一般的充分。议会给出25000荷兰盾的高额赏金，寻找懂得驾船通过东北通道的水手。这引起了整个世界的关注，最有能力的船长和水手们都迫切地想为此出力。而他们驾驶的船只都是专为北极旅行打造的，参照的是当时的最新标准，非常舒适。

但是又能怎样呢？他们最初选定的方向就是错误的。

航行才刚刚开始，两位船长中年长的一位——德莱普（De

Rijp）——就和其他船员分开了。他努力避开路上阻碍他前进的浮冰，但最终还是被逼到了某片陆地延伸出来的山脉上。他原以为这片陆地是格陵兰的一部分，其实不然。鉴于这些山脉的山峰很不整齐，这片陆地被命名为斯匹次卑尔根群岛。

德莱普也早已从当时的地理学者口中听说过"北极热带理论"，但他越接近北极，天气就变得越糟糕。终于，一场东北方向吹来的暴风雨将他带到了芬兰北部的科拉半岛（Kola Peninsula），他只能在那里等待同行船员的消息。而他的船员们，早在另一位船长赫姆斯格（Jacob van Heemskerk）的带领下，被迷雾和暴风雪吞噬了。

第二年春天刚刚到来，赫姆斯格和剩下幸存的船员就在喀拉海碰上浮冰，沉船了，他们乘坐两只救生艇回到了国内。幸存者讲述的故事【故事由船上名为德维尔（de Veer）的理发师兼医生记下，并成为了经久不衰的畅销书】可不是一般的恐怖：

顺着新地岛的西海岸，他们终于到达了最北点，并将那里命名为毛里求斯角（Cape Mauritius）。从那里开始，如果渊博的普兰休斯（Plancius）医生的分析正确的话，理论上，他们应该很轻松地到达亚洲的东边。但是他们并没有找到理论上的无冰海域，也没有遇上温和的天气，而是遭遇了无止境的浮冰。浮冰撞得船漏水，情况很糟糕。他们不得不抛弃船只，拿了一些能用的剩余物造了一个小木屋，整个冬天都在里面度过。小木屋上面覆盖着厚厚的雪，有时狐狸和熊会从木屋的屋顶上走过。

在黑暗中度过了半年之后，太阳再次普照这片地区。他们修好了两艘救生艇，勇敢地起帆回家，虽然到达祖国港口的希望可能只有千分之一。

这次航行中有个叫威廉·巴伦曾（Willem Barendszoon）的荷兰航海家，非常有能力，他曾拯救了此次航海，但最终却因精疲力竭而死。经历了几个星期的悲惨生活后，剩下的船员终于在伯朝拉河（Petchora River）①遇上了一位好心的俄国渔民，渔民告诉他们，那片区域还有一艘"恶魔之船"。船员们怀疑那就是他们的朋友德莱普的船，于是便划着小救生艇前往。最后，当他们听到有人操着荷兰语说上帝坏话的时候，他们明白，自己终于又和本国的船员相遇了。

整个航海给人们带来的只有失望，25000 荷兰盾的奖赏也无限期地延迟了。大家最终放弃了北极路线，那条路线完全是商业上的一大败笔。全国人民开始等待南方那队人的归来。

1597 年 7 月，特塞尔（Texel）②那边传来消息，说有人看到了南方那队人的第一艘船正在驶回阿姆斯特丹。1595 年初离开荷兰时，他们一共是 250 个人，回来时已所剩无几。其他人有的死于坏血病，有的被土著居民杀害了。为了避开葡萄牙人在印度建下的牢固居所，豪特曼（Houtman）直接朝爪哇岛（Java）方向前进。最初他很成功，还与不同地方的苏丹王的臣民们结成了友好关系。但后来，在葡萄牙对手的唆使下，他被囚禁了起来，花掉了四艘船上所有的钱才被保释出来。

---

①位于俄罗斯欧洲部分的东北部，发源于中乌拉尔山西坡，注入北冰洋巴伦支海伯朝拉湾。
②荷兰北荷兰省基层政权和岛屿，弗里西亚群岛中最大的和最西端的岛屿。

荷兰水手们因此失去了做生意的资本。接下来，他们的一艘船又突然开始出现严重的漏水情况，只能将其抛弃。剩下三分之二的水手都因不同原因而死去。豪特曼粗略地瞥了一眼香料生长的摩鹿加群岛（Moluccas）①后，决定还是回国向出资人告知情况，这样比较明智。虽然这个方向上的航海是可行的，但要挖掘出整个印度地区还需要大量的资金，而且还必须同那些与荷兰有利益冲突的国家搞好合作关系。偶尔可能有假扮成海盗的商人，通过这条路线赚点小钱，但要有大成就，还是要等到荷兰代替葡萄牙、获得垄断权力的那一天。

所有荷兰人都同意了这个观点，他们一致主张建立一个荷兰的东印度贸易公司，唯一的条件就是：唯有荷兰人才能成为公司的经理和主要股东，其他对手不得进入。由于这个政策不太可行，这个公司也就没有了后文。之后的很长一段时间都是私有的小企业自己打理生意，一股"印度公司"的热潮席卷了整个荷兰。一些小公司虽然以做鞋带起家，但居然赚了几百万；有些公司运气不好，赔了几百万；还有些公司可能第一天赚了几百万，第二天就赔光了。大家逐渐意识到，这种发展很不尽如人意，从安稳做生意的角度来看，也是风险很大的做法。这种一夜暴富或者一夜赔光的情况，比做海盗好不到哪里去。海盗船在海上什么抢劫都干，船长发现，抢劫那些中立的、不抵抗的商人比做莱顿的布料生意或安汶岛（Amboina）的肉蔻粉生意要赚钱得多。很快，他们的抢劫活动就搞得荷兰和葡

①又被称为香料群岛，即东印度群岛。

33

萄牙打了起来，这一仗来得太突然，大家都没有准备好。若是偶然一次私下杀死了某个葡萄牙的船员，这也没什么大不了，但这种私底下偷乐的事情不能不加节制，否则就会引起战争。

年轻的共和国里，有一位机智又有远见的政治家，那就是约翰·巴内费尔特（John Barneveldt）。在他多年的努力谈判下，各个"世界公司"的领导终于愿意尽弃前嫌，将各自的利益联合起来，创建一个真正的"世界级别的"印度公司。这家贸易公司有着最高的权力，配备自己的陆军和海军，废除了公司内部的君主，自己调节所有东方产品的价格。在近乎两个世纪的时间内，这家公司的平均年股息达到了百分之二十。

读者可能会说，这些确实很有趣，但与我们的故事主人公有什么关系呢？

我要说，关系大了。

从前的那道守护通往印度地区道路的门，那道不让任何外人通过的门，很快就被荷兰人不太费力地冲破了。葡萄牙当时仿佛腐朽了一般，除了在马拉巴尔（Malabar）海岸①和科罗曼德尔（Coromandel）海岸②上还有一些较强的抵抗能力，在其余地方完全任由荷兰人摆布，毕竟他们的枪支弹药及装备更好。并且，葡萄牙在这些区域称霸已经一百多年了，这对后来居上的对手来说明显是有好处的。这个道理虽然不符合常理，但事实证明确实如此。

---

①印度半岛西南部海岸。
②印度德干半岛孟加拉湾海岸的一部分。

西方人最初与东方人交往时，经常产生不愉快。在这一个世纪里，葡萄牙完全不受当地人的欢迎，他们总是很鄙视当地人的信仰，这引起了当地人极大的反感情绪。他们一到那里，一群急不可耐的修道士就开始打扰土著人原本平静的生活，硬要将他们的心灵从恶魔那里拯救回来。

荷兰人去这些遥远的地方并不是要去传播海德尔堡信条和原则的，他们是去赚钱的。他们其实跟葡萄牙人一样，很鄙视这些异教的新贸易伙伴以及他们所崇拜的神灵。佛教的价值以及那些颧骨高高的圣佛朗西斯（Saint Francis）的追随者，他们都觉得没什么意思。但荷兰人比葡萄牙人更懂得守住自己内心的情感，他们不会在任何场合告诉任何当地人：你们敬畏的神灵是假的，应该从地球上赶出去。当然，很多时候，荷兰人的意图要比他们的做法好得多。渐渐地，有许多牧师也来到远东谋财，但他们听从劝告，只在公司内部进行布道，这样也算是为领导做好事。他们布道，是为了让公司里的士兵不越过正确与错误之间的那道细线，是为了给公司职员及其家人进行洗礼、婚礼和葬礼，但他们绝不会将宗教信仰和生意混为一谈。多亏这种明智又宽容的政策【也有人会说这是伊拉斯模式（Erasmian）政策】，荷兰人成功地避免了很多冲突，受到许多君主的善意接待。若没有这个政策，这些君主很可能会对荷兰抱有敌意，不让他们进入港口。荷兰人便借此机会（如果深究，他们其实不配拥有这样的机会，但毕竟他们还是获得了），假装成为这几百万穷苦人民的朋友。棕色皮肤的苦难人民因此得救了，否则他们可能会遭受宗教审判。要知道，当时审判的守卫者无所不在，并且随时保持着高度警惕。

总的来说，荷兰人在造船方面技术高超，水手也技艺精湛，加上他们强力的大炮和"井水不犯河水"的实用思想，一个超大的殖民帝国在人们无法想象的短时间内建立了起来。他们还严格实行垄断政策，打击了国内的那些企图从贸易中分一杯羹的外国商人。

但是，拥有了前门的钥匙又有什么意思呢？东方国家的后门依然敞开着，瓦伊加奇海峡随时都可能有人入侵，那拥有好望角的要塞又有什么用呢？换句话说，十七董事（荷兰东印度公司董事会的官方名称，由十七位成员组成）能睡个安稳觉吗？因为很可能某天早上就有消息传来，说某个对手成功地从北极路线到达了印度。

这三个问题的答案都是无条件的"否"。

他们必须要完全控制住前门和后门，才能成为印度地区真正的主人。他们当然明白，之前所有为去往切柳斯金角而做出的努力都付诸东流了，喀拉海的冰块使所有前往的船只望而却步，而且已经有好几百万浪费在北极这边了。而北极除了驯鹿苔就没其他值钱的东西了，一年还有六个月都处于黑暗之中。

但依然有可能，某一天，哪个外国人就成功了，这个人比其他人要幸运。某一天，可能就会从巴达维亚（Batavia）[①]传来消息说："昨天有艘叫'双头牛（Double-Headed Calf）'的船到了这里，它是从荷兰来的，走的是通过北极和太平洋的这条路线。"

①即今天的雅加达，印度尼西亚首都。

36

还有一种可能性：在钱塞勒与莫斯科大公建立联系之后，英国人继续了他们的极地探索，他们把白海当作是自己私有的湖泊。如果他们掌握了经由西伯利亚的路线，那可怎么办？

还有一种可能性：法国国王大动干戈，要将所有国家与印度之间的贸易转到法国的港口进行，他在荷兰的外交官据说已经开始与博学的普兰休斯医生进行秘密磋商了。如果法国国王派出舰队驶向北极，将萨摩耶人的土地变成新的法国，那又该怎么办？

还有一种可能性：俄国的君主对国际礼仪和职责有自己的一套奇怪的概念，如果他突然下令说，所有在他领土上的欧洲游客都必须被活生生地刺死，他们的船也都要没收上缴给俄国，那又该怎么办？

但是，既然现在还有时间做一些可以确定的事，为何要庸人自扰，假设来假设去呢？

十七世纪前几十年，阿姆斯特丹的交易市场上充斥着许多有关北极的传言：身揣几百万美元的荷兰船长与荷兰牧师交换了意见，因为这些牧师在《启示录》晦涩的章节中找到了北方路线的秘密；法国外交官举行了秘密的午餐会，招待那些来自安特卫普和奥斯坦德（Ostend）①的金融家们；东印度公司的记账员和会计都受到了严密的监视，生怕伦敦和布里斯托尔（Bristol）②的商业公司派人接近他们，给他们吹耳边风。

在这种情况下，十七董事想起了国内的一句谚语：好的开始就

①比利时西部城市，北海岸主要客运港口。
②英国西南部最大城市，中世纪时的重要港口。

37

是成功的一半。他们不想将钱浪费在风险系数很高的事业上，但是当他们的经济利益受到威胁时，他们就像个醉酒的水手，到处乱花钱。

1609 年 1 月的前几天，阿姆斯特丹的信息传播人得到了一些消息，这比以前那些不明不白的传言强多了。亨利·哈德逊是去过北极的所有人中最具经验的航海家，他和荷兰东印度公司一直有直接的交谈。消息说他接到了一份合同，一旦合同的细节部分定了下来，他就要起航前往北极，为这家公司探索东北通道。

为了找到通往出逃之路的大门，曾经流了多少血，损失了多少财产。这扇门在打开后又被紧紧地关上。只有这样，那一小撮商人才能调整肉蔻粉和丁香的价格，才能将投资一点一点地赚回来。

第四章 不忠诚的雇员

亨利·哈德逊的真人照我们一张都没有，这点比较奇怪，因为在他所处的年代，雕刻工的作品就像现在的影印照片一样，非常普遍。

对于他的私人生活我们也没有可靠的信息。

他的后代为他树立了一些具有英雄气概的雕像，但我们知道，他的职业生涯与这种英雄气概并不符合。

但是我们还是得承认，哈德逊知道自己的工作职责，并且，所有驾船前往七大洋的船长都承认，他是最聪明最机智的船长之一，在他的时代或是任何时代都是如此。他拥有一种罕见的优点，水手们称之为"对海的灵敏嗅觉"。其他人航行时不得不使用指南针、图表以及测深锤，但终究免不了沉船的悲剧。而哈德逊却能"嗅"到正确的路，到达安全的港口，而这些是前人都不曾做到的。

在说完他这些独特的天赋之后，我们要谈谈他的一些不怎么讨人喜欢的品质，这些品质也妨碍了他成功地进行远征。当然，我们也应该原谅他，因为他是那种"一根筋"的人。他有种幻觉，总以为自己力大无穷，只有他一个人能接受上帝的召唤，找出经由北极通往亚洲的路线。因此，他对合同和书面协定这些日常的东西很不屑一顾，觉得它们微不足道。别人把财产都托付给了他，他却对船长应尽的义务毫不在乎。他对手下也有些无情，经常与他们产生摩擦，严重时还会引起他们的暴动。

他不尊重别人的利益，这经常使他陷入困境。若要他说明白为什么，他又总是慌忙地寻找借口。比如：天气太糟糕了，自己心情不好影响了说话；船上的食物太难吃了，所以水手们都不听指挥；年底将至，时间太晚了；春天的情况比以前还糟糕，等等。他找各种借口来说服新的投资人，让他们贡献船只，再给他一次机会，证明北方的道路确实存在，并且是所有道路中最短、最实际的一条。

他果然有着惊人的说服力，虽然他每次归来都只带回了一些新的海角和海湾的故事（股份有限公司一般不喜欢这种地理信息，他们喜欢红利），但他还是能再次找到出资人。他前后共进行了四次远征，最后一次航海时，所有船员都落荒而逃，将他一个人留在了一片广阔的内陆海上。这正是他曾经发现的那片海，于是，他在海上非常满意地回顾了自己的生涯。

都说一个容易自我满足的人才是幸福的人。如果这句话是真的，那么，毫无疑问，哈德逊的生活非常完美。他一直以来的愿望就是成为当时最伟大的北极探索者。

他确实也实现了这个梦想。

但是，为了实现这一目标，他不得不无视许多常规的义务和别人对他的偏见，他没有履行一个船长应该履行的所有职责。但是这又怎样呢？他死去时，比任何一个到过北极海域的人都走得更远，看得更多。

而其他的东西，他觉得不过是细枝末节。

那些为他出资的英国人和荷兰人都被他这种不服从的态度气得火冒三丈，因为他的不忠诚，还咒骂了他很多次。

但亨利·哈德逊却活得很开心。

也正是他——亨利·哈德逊，为人们补充了地理知识，这比所有前人做出的贡献都还多。

至于那些出资人，就让他们自我满足一下吧："我们会名垂千古，因为从前我们和亨利·哈德逊有关系。"

哈德逊实际作为探索者的时间并不长，仅五年而已（从1607年到1611年），但这五年充满了各种非同寻常的冒险经历。他的第一次航海是在1607年，当时英国的莫斯科公司①派他去寻找通往中国的北方路线。哈德逊一路向北，来到了格陵兰的东海岸。格陵兰和斯匹次卑尔根群岛之间的大块儿浮冰阻挡了他的去路，这片地区在三百年以后才有人通过【1883年瑞典的诺登舍尔德（Nordenskiold）首次通过这里】。他一边走一边躲开冰块，来到了新兰（Newland，斯匹次卑尔根的旧称），右转看到了一个小岛，他称之为"哈德逊的停泊处"【目前的扬马延岛（Jan Mayen Island）】此后便回到了英国。

德莱普和巴伦曾曾经说过，格陵兰和斯匹次卑尔根形成了一片

①1553年成立，并从英国国王手中拿到特许令，获得了商路和市场垄断特权以及商品专卖权，开始发展对俄贸易。

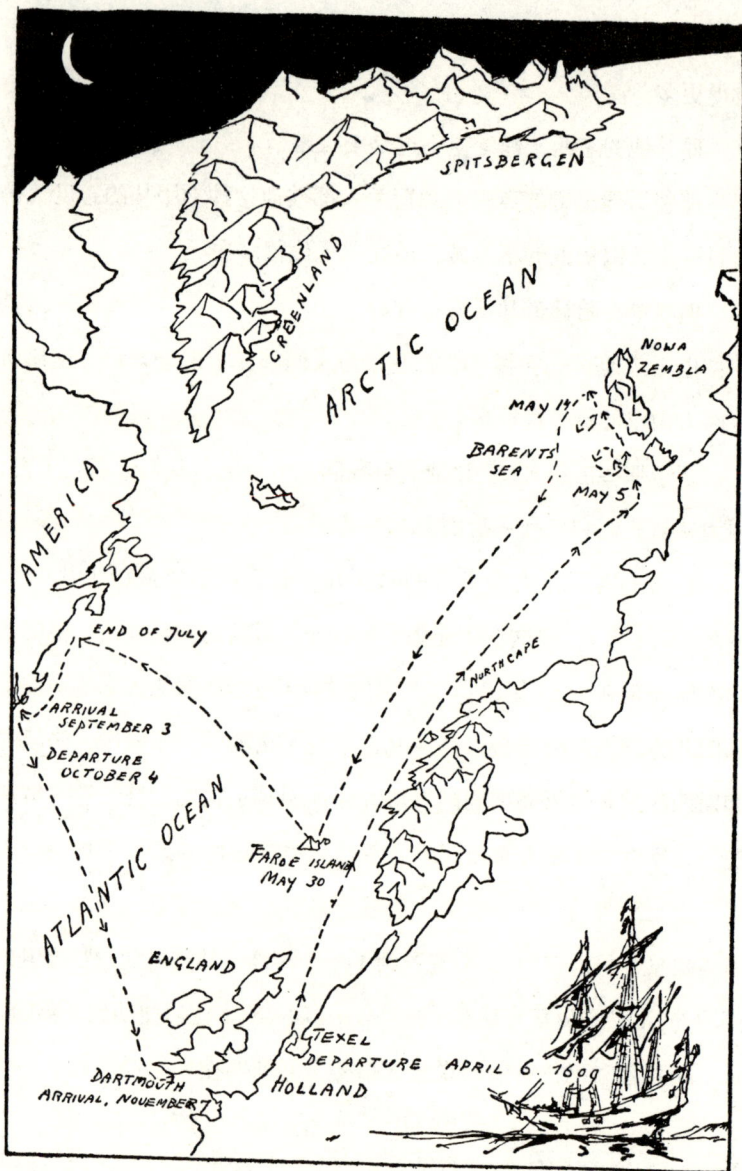

哈德逊航海图

广阔的大陆，好似一大块坚硬的花岗岩铺在了北方的道路上，要从这里去往印度地区只有两条路：一条是向东，穿过新地岛和斯匹次卑尔根（下文不再提及新兰这个旧名）之间的通道；第二条是向西，穿过 1585 年约翰·戴维斯发现的那个海峡。通过这次航行，哈德逊非常赞同他们的说法。

第二年，莫斯科公司第二次派他出海。这一次，哈德逊不再考虑格陵兰，而是顺着更东的一条路线直接来到了巴伦支海（Barents Sea，该海属于北冰洋的一部分，是斯匹次卑尔根、新地岛和俄国北部之间的海域）。他想找到一条路，走出毛里求斯角北部的冰区。但他并没有找到无冰的水面，也没有时间再次尝试瓦伊加奇海峡的那条路，于是，他不得不再次无功而返。

这次他得出结论：东北通道行不通。我们当然不能责怪他的这种想法，他肯定读了许多这方面的文学作品，受到了影响。当时是人们对地理满怀好奇心的一个时期，每一次的航行都会有文人为之著书，每艘前往北极的船都有诗人为之做诗。巴伦曾、德莱普和赫姆斯格如此杰出的水手都绝望地放弃了，所以哈德逊认为这是行不通的也情有可原。在得出这个结论之后，他只有老老实实地尝试另一条路：西北之路。

当时已是年末，时间有些来不及，但他还是启程前往费尔韦尔角（Cape Farewell，格陵兰的最南角），试图到达 1576 年马丁·弗罗比歇（Martin Frobish）①发现的一片水域，当时弗罗比歇希望这

---

①马丁·弗罗比歇（约1535年—1594年），英国第一个探测北冰洋的航海家。

片水域能带他到世界的尽头和中国。但是，逆风一直吹着，哈德逊刚进戴维斯海峡不久，冬天就来了。所以他不得不再次回到伦敦，报告出逃之路仍未找到。另外他还加了一句：那些水域中有许多大鱼，比前一年的数量还多，目前还没人前去捕捞。

莫斯科公司从这句话中得到了启示，他们抛弃了北京的那些不信教的中国人，选择了斯匹次卑尔根群岛的平凡的鲸鱼。公司的注意力也从不确定的黄金转到了更实际的鲸油上（鲸油利润要大得多）。

而此刻的哈德逊船长却面临着一大窘境：他这样的名人居然找不到工作了，没有人敢向他提供微不足道的工作，但大机遇又少之又少。

最后，他听说阿姆斯特丹这个地方对极地探索非常感兴趣，于是积极报名参加。但他必须谨慎行事，毕竟他是个英国人。他之前获取了宝贵的信息，自己也成为了出色的北冰洋水手，但这些都是在为英国的公司做事，所以他这个地理活字典是属于英国的。无论荷兰给出多高的价码，哈德逊肯定犹豫过：自己为别国做事是否正确。

但正如我之前所言，哈德逊是个一根筋的人。他必须找到那条已经让他失败了三次的通往亚洲的捷径，否则就只能死在寻找的路上。荷兰的东印度公司给了他一艘属于他自己的船，提前预支了一年的薪水，如果一年未归，他的妻子还将收到额外补偿。他顿时就被诱惑了，甚至保证成功后会定居荷兰，出资人可以在今后几十年内再次派他出海。

这些书面的承诺和保证本来可以十全十美，但不巧有一个缺陷：哈德逊必须走东北通道，并且只能经由新地岛北部，绝对不能走西边的那条路到达亚洲。

纳瓦拉国王亨利（Henry）[①]接受法国的皇冠时，被迫放弃他的新教信仰，他当时说："其实偶尔也可以去巴黎做弥撒嘛。"哈德逊的情况正是如此。

一艘自己的船、用不完的钱和一队强硬的水手，一个烦人的承诺能换来这些已经很不错了，何况这个承诺只不过是一张纸而已。

1609

---

①即法国波旁王朝的创建者亨利四世，原为纳瓦拉（今西班牙北部的一个自治区）王国国王，于1589年加冕为法国国王。

哈德逊面对这些诱惑，什么都愿意签。

荷兰公司这边也有一两个心存疑心的董事，他们因为哈德逊傲慢的行为而感到恼火。他们寻思着："这个人会不会哪天在我们眼皮子底下就不服从我们了？我们一旦监视不到他，他会干出些什么事呢？"但其他人又用"不能解释天才的行为"这一理由，把这些问题搪塞了过去。所以，1609 年的 4 月 6 日，哈德逊和十八名船员离开了特塞尔，"按照规定"乖乖地前往巴伦支海。

这一次，好运站在了哈德逊这边。所有尝试东方路线的前人都说因为为时已晚，所以找不到冰地的开口。而哈德逊这次的理由可谓标新立异，他说：到达北冰洋时"时间太早"。虽然夏天就快来临，但巴伦支海依然是冰块覆盖，根本不可能继续前往喀拉海。所有见过"半月号"【Halve Maen，目前在美国扬克斯（Yonkers），已腐烂】的人都能理解，为什么这艘船的船员几乎要发起暴乱。这艘游艇（"半月号"确实只是艘游艇）小得让人无法忍受，漂在一望无垠的浮冰中央，船的生活极为不适。哈德逊这回学聪明了，利用了船员的不满心理。他后来向伦敦的荷兰领事米特云（Meteren）解释说，他别无选择：几名水手前几年都在热带生活，不适合前往北极，天气一冷他们就生病，还一直抱怨，导致其他船员也灰心丧气。而且，过去五十年的经验不也证明了在那里什么也做不了吗？基于以上理由，他认为出于对自己也是对出资人利益的考虑，需要召开船员委员会，询问水手们，是继续在巴伦支海航行几个月，还是承认失败，放弃东北通道再次尝试西边的道路。

46

所有的船员一致赞成向西的方案，除了改变计划别无选择。于是，他们驶向法罗群岛，补水后快速地经过了大西洋，以免夏末将至，又什么也做不成了。

哈德逊用这一理由为自己的行为道歉，这似乎与公然的抗命很相似，但听起来还是可以接受。但是，这一系列理由中有一点比较可疑：为什么哈德逊要去法罗呢？之前所有的船只都将罗弗敦群岛作为行动基地，所有的计划都以罗弗敦为起航地，哈德逊肯定也知道这一点。但是，他同时也肯定会想到，接近挪威海岸线时，很有可能会遇上其他的荷兰船只，他们可能会问：为什么哈德逊在那里？其实，他就是名副其实的叛徒。坏事传千里，如果有人在大漩涡【Maelstorm，福先生（Mr. Foe）的恐怖大漩涡的最初形式，不会造成破坏】附近看到了哈德逊的船只（这艘船本该在切柳斯金角附近），接着肯定会向出资人打小报告。谁敢肯定出资人不会一时怒起，找人去把这些逃跑的人叫回来。这些事情对哈德逊的秘密计划都将产生严重的影响，之前他也在开会时与船员讲明了这些。这一问题与发现北美海岸的缺口同等重要。据说八十五年前，威尼斯的乔瓦尼·韦拉扎诺（Giovanni Verrazano）①发现了这一缺口，他在地图上模糊地将它标了出来。这张地图是哈德逊从英国出发时，他的密友约翰·史密斯（John Smith）②送给他的，史密斯是在林肯郡

---

①又叫乔瓦尼·达韦拉扎诺（1485—1528），意大利探险家，为法国效力，主要在北美进行探险活动，1524年发现了纽约港。
②约翰·史密斯（1580—1631），英国人，早期的殖民者、探险家，在弗吉尼亚建立了英国第一个永久殖民地。

（Lincolnshire）、君士坦丁堡（Constantinople）、罗马以及詹姆斯敦（Jamestown）都受到尊敬的船长。

这个约翰·史密斯非同寻常，他一生经历过无数不可思议的探险，进入了英国的弗吉尼亚公司[①]。目前，他在马基雅弗利（Machiavelli）[②]和马可·奥里利乌斯（Marcus Aurelius）[③]精神的支持下，拯救一个破产的公司，使其恢复生机与繁荣。

从严格的商业伦理角度来看，约翰·史密斯这位有名的探险家犯错了。这份地图画有美国的未知部分，约翰·史密斯不应该把如此贵重的物品给背叛自己国家的对手。就在此时，一位来自安特卫普的商人正享受着荷兰共和国的热情接待，他准备自己出海，跟随哈德逊的脚步，密谋将自己调查获得的信息卖给法国国王。知道了这一点，我们可以得出结论：公元1609年与公元1928年非常相似，"生意就是生意"这句话并不是最近才出现的，很久以前就有了。

虽然说这些有点偏题，但是，如果哈德逊完全诚实，他就不会踏上曼哈顿岛了，也就不会有新尼德兰这片聚居地，而彼得·史蒂文森可能终其一生都是个碌碌无为的殖民地官员，我也就不会写下这本书了。不行，我还是要接受历史，继续写下这个故事。

"半月号"在5月14号离开了巴伦支海，5月30号早上九点到达了法罗群岛的其中一个大岛——斯特罗摩岛（Stromo）。哈德逊明显很赶时间，他一天之内就洗干净了水桶又灌满了水。第二天一

[①]1606年在英国国王詹姆士一世的支持下建立，专门负责在北美建立殖民地。
[②]即尼可罗·马基雅维利（1469—1527），意大利思想家、政治家，著有《君主论》。
[③]又译马可·奥勒留（121—180），古罗马五贤帝时代的最后一位皇帝，写成了著名的《沉思录》。

早，哈德逊和手下上岸做了点运动（这是整个航海中船长唯——一次下船），下午一点，"半月号"就起程向西了。

莱姆豪斯（Limehouse）[①]的罗伯特·尤特（Robert Juet）是哈德逊的朋友，他在日记中写到，当晚，哈德逊一行人为赶时间，第一次借助人造光源开船。北极被他们永远地抛弃了。

哈德逊的船像利箭一般地快速穿过了大海。7月1日，他到了接近新西兰的地方。第二天，他看到了一艘帆船。第三天，他遇到了一队法国渔民。这听起来就像是现代跨大西洋航行的航海日志。新西兰同往常一样起了大雾，航行被延误，于是他来到了佩诺布斯科特湾（Penobscot Bay）[②]。他决定先停留几天，换个桅杆，旧的桅杆在6月15日晚上被一场暴风雨刮飞了。

趁着木匠做桅杆的时间，船员们开始抓龙虾、交换商品。他们用红袍、刀具、小斧头、铜壶、三角火炉架、小珠子等琐碎物品，同附近友好的本地人换取了海狸毛皮和其他精致的皮毛。哈德逊如此不受船员欢迎，此时竟然对他们放任不管，任由他们狂欢、烧掉土著人的村庄，偷走土著人的小船。我确实不知道他为何如此，尤特给出的理由是："这个国家的野人可能抢劫我们，所以我们要先发制人。"这听起来怎么都说不过去。哈德逊的船上顿时没有了纪律，这还仅仅只是开始，后面还有更多不光彩的事情。

接下来的五周什么也没发生。哈德逊沿着马萨诸塞州和罗德岛

---

①英格兰伦敦东部区名。
②位于美国缅因州佩诺布斯科特河入口处的海湾。

州的海岸线行驶，路上遭受了炎热的天气，偶尔看见土著人在海边钓鱼。终于，在九月初，他来到了约翰·史密斯地图上标注的那个大家一直都在寻找的缺口。

9月2日一早，他发现远处有火光。太阳升起时，他看到一片土地"从西偏北的方向朝西北偏北的方向延伸，就像断掉的手掌"。

哈德逊借助测深铅锤小心翼翼地前进，他写道："我们来到了一片大湖，这里应该是一片被淹没的土地。这片土地露出水面时就像手掌，有十里格①长，就在桑迪胡克（Sandy Hook）②附近。湖口有许多浅滩，海水拍在浅滩上，就像从河口喷涌而出。这可能是湖，也可能是海湾，土地从这里朝北偏东方向延伸，那里还有一条大溪流。这里离陆地两里格，测得的深度是十英寻③……这是很值得一看的土地。"

第二天早上，哈德逊朝北方站着，等待雾散，十点准时起锚。下午三点，他来到了"三大河流"。

剩下的故事就是路人皆知的了。

哈德逊继续朝北探索，希望自己能找到更多的东西，而不仅仅是一条河，但事与愿违。

他找到的不是中国，而是奥尔巴尼。

于是他放弃了寻找，在当地对土著人做了许多不道德的恶心事（杀了他们或者和他们喝酒，对于十七世纪的水手来说，这两件事

---

①欧洲和拉丁美洲古老的长度单位，英语中通常定义为3公里（用于陆地时）或3海里（用于海上时）。
②美国新泽西州东部半岛。
③标准说法为浔，海洋测量中的深度单位，1英寻为1.852米。

没什么不同），之后，他回到了之前的低洼海湾。在那里他又和野人发生了不愉快，野人被他们杀死、淹死，有的还被分尸。然后，"半月号"便扬起它"伟大的、神圣的、至高无上的帆"，驶向了东方。

尽管这艘坚强的游艇最终回到了荷兰，但它的船长却没有回到派他进行此次值得回忆的航海的国家。这里，我们要说到的就是哈德逊事业上的第二大神秘之处。

西班牙国王在低地国家的代表人是马奎斯·瓜达勒斯特（Marquis de Guadaleste），他的职责就是监视异教徒所做的事。1611年12月2日，他在布鲁塞尔给国王写了封信："胡安·哈德逊不久前由荷兰东印度公司派去北极，现在已经回到了英国。但他并没有向自己的出资人解释。"

到底发生了什么呢？

哈德逊回程时一切都很顺利，所以没有理由不直接回到荷兰。但他却到了达特茅斯（Dartmouth）①，在那里写信给阿姆斯特丹的出资人，告知他们他的所作所为，并伸手向他们要更多的钱和水手。

十七董事给他的答复是，立刻向他们汇报情况。此时，一艘飘着荷兰国旗却由一名英国人指挥的船停在了英国的海港，这个英国人先前还曾在英国的莫斯科公司效力，船上船员大多数都是英国人。这艘船据称是非法踏入了其他领土——这片领土承蒙上帝和英国国王的划分，属于弗吉尼亚公司。哈德逊的擅自闯入没能逃脱英国当局的注意，他还没起锚（对于他当时是否想过要起锚，有很大争议），

①英国英格兰西南部港口。

他和英国船员就被祖国扣了下来，船上的文件也带到了伦敦进行进一步审查。

不久后，"半月号"的名字再次出现在了去过特塞尔的船只名单上。几年后有消息称，一艘名为"半月号"的船在毛里求斯岛附近遭遇暴风雨沉船了，这艘船肯定就是哈德逊之前驾驶的那艘船。所以，我们可以推断出：在哈德逊被英国扣留之后，"半月号"最终还是回到了真正的主人——荷兰人的身边。

但是，亨利·哈德逊的那些日记和文件最后都怎样了呢？

这我们就不知道了。

大大小小的美国地图不久后在阿姆斯特丹、佛罗伦萨（Florence）和萨拉曼卡（Salamanca）[1]出版印刷，人们写了许多卷书来证明这些地图"肯定都是根据亨利·哈德逊带回的信息制成的"，但这些不过都是猜想。

是否如此我们确实不知道，以后知道的希望也非常小。在船长回到祖国的几周后，阿姆斯特丹交易市场有传言说，英国新建了一个公司，领导者都是显赫的金融家和社会人物，比如达德利·狄格斯爵士（Sir Dudley Digges）、约翰·沃尔斯滕霍姆爵士（Sir John Wolstenholme）和约翰·斯密斯爵士（Sir John Smythe）。这个公司正在组建名为"发现号"的船只，进行西北部地区的探索，而且亨利·哈德逊船长受雇指挥此次远征。后来又有消息称，4月17日，哈德逊船长从那次航海归来之后才五个月，又悄悄从伦敦溜走了，

---

①西班牙内陆历史古城。

并且根本没想过要联系先前的雇主。得知这个消息，荷兰人对哈德逊这个英国水手顿时恨之入骨。

东印度公司的董事们一向不急于拉拢人心，所以也没有将他们的感情以书面的形式发表出来。但是，研究东北通道的历史学家埃塞尔·赫利兹（Hessel Gerritszoon）却在两年后写下了相关的东西，让我们清楚地看到了哈德逊奇怪的行为给低地国家留下的印象。他写到："哈德逊什么值钱的东西都没发现，就回到了英国。"在这本畅销书的第二版中，他又补充到："低地国家都一致认为，哈德逊一开始就没有走正确的道路，所以我们国家绝对不能再雇佣他。"

当这些文字印刷出来之后，哈德逊却再也不能反驳了，因为当时已经不能确定他到底是死是活。他的最后一次航海因为一场大灾难而结束，还伴随着堪称航海历史上最特别的丑闻：

1610 年 6 月中旬，"发现号"进入了戴维斯海峡。为了躲开所谓的"弗罗比歇（Frobisher）海峡"（其实不是海峡，而是一个大海湾）①，船向东迂回了一段路程，到达了今天因哈德逊而命名的海峡，这个海峡将拉布拉多和巴芬岛（Baffin's Land）分割开来。一个月后，他们发现了一片广阔的内陆海【现名为哈德逊海湾（Hudson's Bay）】，海岸上的冬天十分艰苦，船长和手下们还总是喋喋不休地争吵。

船员的士气肯定在饥饿和漫长的极地夜晚中大大受挫了。"发现号"刚刚离开詹姆士湾（James Bay）的海口，船长、他的儿子和

---

①也称弗洛比西尔海湾，位于加拿大西北部岛屿巴芬岛的东南方。1576年被英国探险家马丁·弗罗比歇发现，遂以他的名字命名，最初认为是一个海峡，1860年才被确认为海湾。

七个忠诚的水手（还包括几名因为生病虚弱得不能工作的人）便坐上一艘敞船，自力更生去了①，而此时的"发现号"则开始向英国行驶。

回程时，船员暴动的领导人亨利·格林（Henry Greene）被爱斯基摩人杀了（在伦敦时哈德逊给了他工作，他才没有被饿死）。其他几位水手也饿死了，剩下的人回到英国时便进了监狱。

但没有人找到哈德逊，他就这么消失了。他在世时是一个奇怪的人，孤独的人，一个无情的工头，不负责的雇员，辜负了那些将商业利益托付给他的人。但他同时也是一个出色的航海家，一个至高无上的自我主义者，一个始终惦记着要成为第一个找到北方的道路、连通东方和西方国家的人。

在热闹如蜂巢的尼德兰，什么秘密都藏不过几周。美国被发现的消息很快就传到了平静的弗里斯兰的草地上。

彼得·史蒂文森当时才十八岁。他可能就听到了关于那些大河和山脉绵延的美好小岛的消息，可能还与邻居讨论了这些事情。"那里什么都没有……不穿衣服的野人，有毒的箭……这片土地上没有城市，没有黄金，没有香料……想它干什么啊？下个星期又有小舰队去印度地区……现在印度地区……爪哇岛、安汶岛、特尔纳特岛（Ternate）……那边是整整一个国家啊……国王的鼻子里都是钻石……象牙都是金的……城镇都是银铸的……岛上长了好多豆蔻粉和胡椒，丰收一次就够我们发达了……再看看美国……除了海狸和

_____
①哈德逊遭遇到了船员的叛变，被船员流放在北美海域。

54

鱼还是海狸和鱼……不会……我要是投资，肯定购买印度公司的股份……价格是高了点，但会继续增值的……美国嘛……我是一分钱都不会投资的！"

这时，在阿姆斯特丹和莱顿的贫民窟里，从英国来的一小撮贫困的宗教难民正在痛苦地过着入不敷出的生活。他们主要依靠一些"外国"异教徒的施舍维持生计，但他们同时也要防止孩子被这些人污染。荷兰人从未仔细研究过这些人的宗教信仰，仅仅凭着他们严肃的外表和唱赞歌时寂寞的方式，就称他们为清教徒。他们清高的行为和一种深沉的、自以为是的高傲态度经常逗乐荷兰人。

但严格意义上讲，这些人并非清教徒，而属于布朗派[①]，他们是从英国北部村子里来的诚实小商人。1608 年，英国国王詹姆士一世（James I）对他们进行迫害，国内生活忍无可忍，于是他们穿越北海逃到了这里。

现在，他们可以随心所欲地追求自己的宗教信仰了，但他们并不高兴。作为外来人员，他们发现，自己很难在这个工会代表的权力至高无上的国家里谋生。他们的孩子在荷兰上学，跟荷兰的儿童一起玩，与荷兰的女孩儿相恋，这都使他们快速地失去原来的自我。一想到自己的后代有可能被"异化"，这些英国边远地区的中产阶级就受不了。而且，虽然"收养"他们的国家现在处于和平时期，但荷兰与西班牙的十二年休战条约很快就要过期了，荷兰的宪

[①]十六世纪英国新教徒罗伯特·布朗鼓吹每一个教会都应该独立自主，自己选举自己的主持者和管理者。其信徒称作布朗派。

法（这些人觉得宪法不过就是不同地区之间的条约）规定：十八岁到四十五岁之间的男性都要参军，无论国籍都是如此。这就意味着，清教徒的儿子们可能在一声号响的召唤下，就得保卫这个新家，但这里并不是他们的出生地。

这一撮儿英国难民是时候找新的地方了。

他们听说过一些有关肥沃的新村庄的传言，这些村庄是他们的一个同胞在弗吉尼亚某个不知名的地方发现的。他们写信给伦敦政府，问了一些问题，但答案比较令人失望，所以他们不得不继续暂时留在荷兰。

但谁又知道接下来会发生什么呢！

四十年后，多克姆一个大臣的儿子开始修建一条穿过曼哈顿岛的木栅栏，防止莱顿难民的后代进入他的领土。

这是一个很奇怪但同时又很有趣的故事。

第五章 推动者来了

1609 年 10 月 10 日晚，曼哈顿岛的土著居民们见到了最后一波不速之客，在接下来的四年中他们都可以安宁地生活了。我们粗略听说过，一艘名为"德沃斯（De Vos）"的船在哈德逊河的河口得到了一船的海狸毛皮。大家也听说过，年代已久的勒迈尔公司（Le Maire，东印度公司有许多对手，这是坚持到最后并且最成功的一个）要与乌纳米的土著人（Sanhicans）和摩霍克族人 (Mackwaas)①建立经常的生意往来，这威胁到了东印度公司的利益。但这些有趣的故事，我们却没有任何一点记录能够证明它发生过。

一些荷兰的船长很有可能穿过了纽约湾海峡（Narrows），肯定也有一些人没能找到哈德逊所发现的那条河。他们失败后便毁谤哈德逊为骗子，说他所谓的探索不过是狡猾的借口，就是想从阿姆斯特丹的出资人那里骗取更多的资金。但是，关于这些有趣的故事，我们也没有准确的信息。

我所知道的就是，荷兰水手们可能真的在曼哈顿岛上修了些木

①说伊洛魁语的北美原住民，加拿大的魁北克、安大略省和美国纽约是其主要聚居地。

第一个荷兰定居点 阿德里安·布洛克（Adriaen Block） 1614年

屋，所以，在新阿姆斯特丹（Nieuw Amsterdam）^①正式成立的前几十年，岛上就已经有人居住了。其他的我们就不知道了，也不必知道。但在 1614 年 7 月的最后一周，一艘名为"命运号（de Fortuyn）"的船回到了阿姆斯特丹，带回了满船的海狸毛皮和一个值得一提的故事。

在前一年的夏天，五艘荷兰船只穿过大海来到科德角（Cape Cod）^②，朝着南方前进，找到了能和他们交易的土著人。其中三艘船的结局我们不知道，但"命运号"和"猛虎号"都安全地到达了美国海岸，还非常幸运地再次发现了哈德逊船长很多年前去过的那条河，据说那里的野人都很温顺，也很配合。

"命运号"是两艘船中较大的一艘，由亨德里克·克里斯蒂安曾【Hendrick Christiaenszoon，也有可能叫克里斯蒂安森（Christiaensen），他对名字拼写对错没什么要求，毕竟当时莎士比亚的名字都有好多种写法】掌舵。"猛虎号"的船长叫阿德里安·布洛克（Adriaen Block），之前是货物管理员，也称船上事务长。

关于这两位船长的私人信息少之又少。我们得知克里斯蒂安森出生于德国克里夫斯（Cleves）小镇，就在荷兰边境旁边。1616 年他曾掌控拿骚要塞（Fort Nassau，现在的奥尔巴尼），但不久后就被一个土著印第安人谋杀了。因为几年前他带走了这个土著人的两个兄弟，将他们带回了荷兰，让他们接受上等的基督教教育，希望他

---

①十七世纪时荷兰在美洲建立的殖民地，即今天的纽约。
②美国马萨诸塞州南部的钩状半岛。

们回来后能谋个一官半职，管理他们的那些异教徒亲戚。这一虔诚的举动似乎并没有得到这两个土著人的亲戚的赞赏。

布洛克是名出色的船长，但我们不知道有关他出生的任何信息，也不知道他在何时何地去世。当地人总会骄傲地向人们介绍他在曼哈顿岛上的家园，并宣称他是这座声名远扬的城市最早的居民之一，但这些引以为豪的当地人很容易说着说着就随意篡改了事实。我们没有足够的证据证明布洛克在1614年以后就再也没踏上过新大陆，也因此不可能死在新阿姆斯特丹。但同样的，我们也没证据证明他又来到了新大陆，并在此度过余生。他颇有成就，并且做出了很大的努力，让国内同胞了解了哈德逊船长发现的这片新大陆的真正价值。鉴于此，我们可以忽略他的粗心大意：没有留下令人满意的"古老数据"。如果没有他细心绘出的图标和地图，新阿姆斯特丹聚居地的发现可能会延迟二十年甚至三十年，纽约可能永远都不会出现，波士顿则会变成全国最大的城市。

所以，在此我们还是应该好好地表扬一下阿德里安。顺便讲一下这个故事：一次悲剧的冒险是如何转化为成功的探索之旅的。

"命运号"和"猛虎号"到达桑迪胡克之后就分开了。"命运号"向南到达了特拉华河（Delaware River）①的河口，"猛虎号"则沿着哈德逊河而上，所以我们就不能知道那些细节信息了。但大家确切地知道，在曼哈顿岛和现在奥尔巴尼之间的某处，"猛虎号"着火了，损失非常严重，不能再航行了。事故的日期不清楚，但肯定是1613

---

① 也称德瓦拉河，美国东北部重要河流。

年的晚秋。此后，布洛克船长就孤身一人，离家三千里。直到第二年春天，他才和"命运号"联系上。在此之前，在遥远荒凉的海岸上，就只有他和四十个孤独的水手。

布洛克接下来做的事，表明他还是很有常识的。他让船员们开始工作，首先是修了一些小屋来准备过冬，之后又建造了小船码头，最后才开始造船。那年冬天应该比较温和，水手们并没有像以前的那些被搁浅的人一样遭受许多挫折。他们干得非常起劲，第二年春天刚到，船就可以下水了。

这艘船第一次下水时，新大陆没有留下任何照片来留住这一值得纪念的时刻。但可以猜想，布洛克很有可能使用了他的惯用模式。接受过他的洗礼的这艘船，名为"永不停歇号"或"永不止步号"，看起来很像是一艘单桅杆的小帆船，当时在它的祖国的河中随处可见类似的船。这种船略加改造便可以沿用至今，它从前就很适合航海，如今也是。船的反应速度非常快，可以承受大浪的冲击。这种船在浅水区也同样适用，优点很多，甚至能够驶过地狱门峡谷（Hell Gate）①的漩涡。它安全地穿过许多小河，来到了到康涅狄格州和长岛海岸线的入口。

从来没有一份航海日志记录过布洛克每天的行程，但是，他后来向阿姆斯特丹的地图绘制者提供了信息，这些信息表明，他探索了整个长岛海峡（Long Island Sound）②，发现了布洛克岛（Block

---

①位于加拿大西部不列颠哥伦比亚省的弗雷泽峡谷内。
②现名长岛海湾，美国纽约州东南端的长岛与康涅狄格州之间的半封闭海湾。

Island）① （现在那里是走私者的天堂），接着继续向北到达了斯塔恩湾（Staten Baai），也就是现在的科德角湾（Cape Cod Bay）②。他从那里回到了哈德逊河的河口，遇上了克里斯蒂安森，于是留下了"永不止步号"，任由它受曼哈顿野人的摆布。他登上"命运号"开始返航，于公元1614年7月的最后一周回到了祖国。

史蒂文森童年时的那一代人，都是听着德维尔的有关新地岛冬天的恐怖故事长大的，他们似乎对布洛克的沉船事件和他在"永不止步号"上的冒险经历不感兴趣。否则在这一个如此热衷国外旅行的时期，总会有关于布洛克的小册子。就我们所知，这样的小册子从未出版过。如果那所谓的"图像型地图"上没有写布洛克的名字，那么他很有可能就被完全遗忘了。这张地图现在还保存在海牙（Hague）的皇家图书馆内，它第一次清晰简明地向荷兰的商人展示了新大陆巨大的商业机遇。哈德逊发现的这片新大陆，当时还是一个任由所有前去的人处置的地方。正是布洛克船长带回的信息鼓舞了十三个来自荷兰北部的商人，他们接受了三级议会于1614年3月27日的提议：想要与新尼德兰这个国家建立直接关系的人，如果用可信的地图和偿付能力证书来向议会表明他们的好意，议会大臣们就会答应给他们独家的贸易特权。

1614年10月11日，这十三个人获得了特许，他们可以在三年内每年派人出征四次。

---

①美国罗德岛州南部岛屿。
②美国马萨诸塞州南部的科德角与大陆之间的海湾。

这个新公司没有任何主权，它不过是一个小的贸易公司，跟东印度公司没法儿比。它的独家特权区域，按计划是弗吉尼亚和新法兰西（New France）①之间的领土，但整个事情尚未定下来。

但是，不管怎么说也算是有了开端。公司的领导开始发掘现在的纽约州、新泽西州和宾夕法尼亚州北部地区。他们还算明白自己的目标，选择了奥尔巴尼周围的区域作为新殖民地的中心，这片区域也接近法国人的殖民地。法国人借道加拿大来到这里，于1540年建筑了第一个要塞，这是一个名为拿骚要塞的碉堡，也是白人在十三个殖民地里修建的第二座城市，如今它叫奥尔巴尼。

以上都是公元1614年的事了。六年后，一支先锋部队出现在了普利茅斯湾，他们便是史蒂文森后来的敌人。

①法国位于拉美的殖民地，北起哈德逊湾，南至墨西哥湾。

第六章 投机倒把

·

就在哈德逊第一次发现新大陆和哈德逊河的那年，尼德兰七省联合共和国和它理论上的统治者——奥地利的艾伯特（Albert）以及西班牙的伊莎贝拉（Isabella）——签订了十二年的停战条约①。菲利普二世（Philip II）②和其他王子一样，对不属于自己的东西总是很慷慨地送出。在他心爱的女儿伊莎贝拉嫁给奥地利大公爵时，他把自己在低地国家的地盘送给了她。在政治上而言，这算个聪明的做法，毕竟，反叛省份要和一个比刽子手好不到哪儿去的君主谈判，肯定不可能。而年轻的伊莎贝拉又不可能为他的父亲和丈夫背黑锅。她丈夫以前是个红衣主教，据说是个很公正慷慨的人。

但是，三级议会却拒绝了这项和平提议。他们知道，西班牙王室已经破产得无可挽回了，这也不是什么秘密。过去的二十年内，西班牙的国债翻了两番，财政部已经拖欠了四年的开支。当伊莎贝拉和艾伯特欢欢喜喜地来到布鲁塞尔时，大家都到场了。但他们期

①1568—1648年，荷兰和西班牙之间发生八十年战争（即荷兰独立战争，西班牙称之为低地国叛乱），双方于1609年签订12年停战协定，但是战争并未真正停止。
②也译腓力二世（1527—1598），哈布斯堡王朝的西班牙国王和葡萄牙国王。

望看到的北部省份的代表们却没有出现，战争（已经从革命升级到战争了）依然在继续。

在后来十年里，情况逐渐恶化。弗兰德斯（Flanders）[①]地区的城市一度相当繁荣，后来被荷兰海军抑制，成为了一片济贫院。居民中比较有活力的人都被放逐了，因为他们身上带有路德教（Lutheran）[②]和加尔文主义（Calvinistic）[③]的色彩。到处都毫无信用可言，安特卫普和布鲁日（Bruges）[④]之间的区域（这里是中世纪欧洲最宝贵的地区）也已满是"废弃的农场"。人们有史以来第一次在布拉班特省南部看到了狼。西班牙的戍守士兵由于没有工资，只能去抢劫那些他们本应保护的人民。

于是，王公贵族们提议签订停战条约，三级议会也想休会一段时间来整顿议会，所以大家都很愿意坐在一起讨论停战条约。本来谈判可以带来和平，但不幸的是，在某些点上双方都不肯让步。

荷兰坚称他们必须拥有与世界任何地区进行自由贸易的权力，无论这些地区是隶属西班牙还是葡萄牙（葡萄牙的这部分也暂由西班牙管理了）。这一点西班牙人果断拒绝了，他们的要求是：荷兰共和国内的天主教徒能有宗教自由。这听起来算是合理的要求，但却让荷兰的牧师们吓了一大跳，搞得他们整天在全国范围内布道，提醒人们千万不能像妓女一样背信弃义。

---

①西欧历史地名，泛指古代尼德兰南部地区。
②十六世纪德国神学家马丁·路德发起宗教改革运动，后来即形成了路德教，又称信义宗，主张"唯独因信称义"。
③十六世纪宗教改革时期，法国神学家约翰·加尔文创立了加尔文教，其教义与信义宗相似，加尔文主义由此而来。
④位于比利时西北部的文化古城，西弗兰德省省会。

被攻陷的城市

66

"和平"这个词再也没被提起过，取而代之的是"停战"。这次的"停战"会持续十多年，之后双方想干什么就没有人能管了。

初稿刚刚签订，北方的省份就开始狂欢庆祝。这个国家卷入战争已经四十多年了，国家收入和国内能源的百分之八十都浪费在了陆军、海军、要塞维护和通讯工具上。

终于到了大家欢聚一堂、喜迎丰收的时刻。

很不凑巧，约翰·范·奥尔登巴内费尔特（Johan van Oldenbarnevelt）[①]是一个自由主义者。他和沉默者威廉都为新的国家奠定了基础，并认为这次"停战"是他一生最大的成就。他当然信仰国教，每个礼拜日他都会去听传教士冗长的训词，虽然都是睡过去的，但还是带着应有的尊重和庄严。他打心底就是个自由主义者，这点与沉默者威廉不同。他精通经典名著，坚信目前还没有人找到救赎的道路（也永远不会有人找到），同时他也赞成让每个人寻找符合自己品味和看法的神圣之道。他的个人能力很强，头脑里随时都思考着一些大事，所以没有工夫去想，和平到来之后，加尔文主义的领导人可能会威胁到自己的国家。

当时，一个被攻陷的城市的要塞需要将加尔文的信条作为行为准则，但当时人们都认为他的信条有些过分。而路德即使是在事业低谷时期，也有几位掌权的侯爵做后盾。比起讨论神学问题，这些侯爵对掠夺修道院更感兴趣，但他们需要路德来完成生活和政治方面的计谋，而路德也需要他们来宣传自己的新教义。

---

①继沉默者威廉之后的第二个荷兰独立之父，主导创立了荷兰东印度公司。

加尔文当时被禁闭在一个瑞士小镇，没有朋友，没有资金，身边全是有权又狡诈的敌人。他本该传播新福音中的公正和博爱，实际上却统帅了一支与敌人势不两立的军队在作战。

但错不在他。

能睁眼看着加尔文的"日内瓦（Geneva）实验"①成功的人，必定都是钢铁心肠。正常人都不像古代的希伯来（Hebrew）酋长和杀人犯那么无情，他们等不到残忍的实验结束就会中途放弃。

法国有句古话："与海盗作斗争，你就得比海盗更有海盗精神。"还有一句："要彻底打败宗教法庭，就得靠这种人：他以宗教法庭的方式来对付敌人，用火刑将他们置之死地。"

加尔文就是这种人。

他来扮演这一角色再合适不过了。加尔文为全世界发明了一套经济、社会和宗教系统，人们走投无路、背水一战时，他的这套系统多次证明了他的坚不可摧。

我们有许多方法来辨别一个政府文明与否，其中一种，就是鉴定地方法官如何使用"戒严状态"这种军事独裁。所有政府在必要时刻都会发起戒严状态，在面临战争、革命、地震或洪水时，军事力量可能有必要对国家进行全面掌控。但文明国家则意识到，这种情况虽然"无法避免"，但也属于"特殊情况"。如果军事力量长时间统治国家，这对全国的士气会产生不良影响，所以一旦情况允许，

①十六世纪加尔文在日内瓦进行宗教改革，取得胜利，建立了一个由新教掌权的、政教合一的资产阶级共和国。

就要尽快恢复公民政府。

不幸的是，加尔文主义的基础，就是将"戒严状态"这一例外情况看作是永远不变的。因此，一旦某地重获和平，这种教条便光辉不再，显得十分讽刺。直到今天，这个不幸的特点依然还未被甩脱。加尔文主义就是必须要有敌人，必须有打击的对象，它从不会安静地坐在城墙上欣赏安宁的风景，它总是可以清楚地看到，远方地平线后有一群邪恶的敌人。画家在工作室的窗口描下日落，它认为这是在给国外的叛徒发送秘密信号。它总是在想：生活很糟，生活很苦，我们一起打击敌人！

如果巴内费尔特像我们一样意识到这些，他或许能长命百岁，去世时身边还能有为他伤心痛苦的亲戚以及尽责的医生。而事实上，他做出了错误的判断，也由此失去了生命。他刚刚将和平带给人心涣散的祖国，刚刚解除"戒严状态"（就我之前有关戒严状态的明喻而言），困难就接踵而至，而造成困难的正是那些曾经为了自由而勇敢奋斗了四十多年的人们。

所有宗教的神职人员这一职位，都会吸引一些天生就喜欢对邻居作威作福的年轻人。读者中若有人悉心研究过加尔文神学院里神职人员的表情，就会看出他们的脸上写满了"权力意志"这种精神品质。

加尔文教派是尼德兰七省联合共和国范围内唯一展现这种"权力意志"的宗派，这使它自身的处境相当尴尬。加尔文主义者在国家需要他们时做出过巨大贡献：他们参与每一次的攻城，在村镇里饿了就抓老鼠充饥，宁愿牺牲自己也要将敌人送上西天，绝不弃守要塞和船只。而在和平到来后，他们在人们心里却变成了心胸狭窄又好争论的人，爱在鸡蛋里挑骨头的人，扫兴的人，在神学方面总钻牛角尖的人。他们在中产阶级中比较有权势，总想照着自己的模子来创造全人类，殊不知自己很不受欢迎。他们尚未完成这项伟业，就处死了十七世纪最显赫且最有远见的政治家巴内费尔特，还永远地逼走了国内的法律天才雨果·格劳修斯（Hugo Grotius）①。不仅如此，他们还让几百名有学识的福音牧师变成了街头流浪汉，将自己的思想体系强加于全国。这个体系让普通的加尔文主义者认为：自己才是万物的开端和结尾，其他人一文不值。

经历了如此多的压迫，国家依然幸存了下来，而且国内外的名声也没有受到多大损害。这乍看之下确实很令人惊讶，但也容易理解。因为荷兰共和国本质上是商业组织，商业组织就是要崇尚实用，这样才能搞两面派。

这些两面派可以在公共建筑上贴满"无情的耶和华（Implacable Jehovah）"，也可以在每次庄严的主教会议时虔诚地呼唤上帝的名字。他们可以对控制群众（更多是控制暴徒）的牧师好言好语，礼貌相待，同时也可以在互惠互利的基础上，与朋友、异教徒进行正常、健康的生意往来，制定的政策也会考虑到所有相关方的公平。他们处理事务时，仿佛自己根本不认识那些不承认人人平等的牧师。这些显

---

①又译雨果·格劳秀斯（1583—1645），荷兰德尔伏特省人，近代国际法学奠基人，著有《战争与和平法》、《海上自由论》、《捕获法》。

赫的牧师们每周都会提醒他们：国家之所以存在，都是因为有了全能的上帝的光芒，而这种光芒，正是由约翰·加尔文这一天才向所有尘世的罪人们传达的。

这里涉及了神学问题，似乎有些偏题，但这也是故事不可或缺的一部分。彼得·史蒂文森这位荷兰西印度公司的官员，一生被某些难题所困扰。这些难题滋生的原因正是荷兰共和国这种奇怪的两面派性格，这种性格迫使他在遇事时有时要装瞎，有时又得好好擦亮自己的双眼。

这听起来很复杂，但其实很简单，下面我就为大家说明。

荷兰共和国的大部分商业大亨都和拿骚的莫里斯王子（Maurice of Nassau）①想法一致，他们不在乎"自己前世是黄种人还是红种人"，也不在乎"天堂里谁的等级又比谁的高"，他们只要能管好自己的事就行。但他们很圆滑，也可以说是过于礼貌，甚至可以说是有些害怕，所以他们从来不会表现出自己对宗教的这种漠不关心的态度。牧师召集他们，他们还是会聚精会神地听他布道。他们也会经常去教堂，免得邻居说他们不参加礼拜。他们在教堂结婚，在教堂给孩子进行洗礼，在教堂给死去的妻子举行葬礼，还大方地给穷人捐赠钱物。但圣歌一旦唱完，他们又变回了"实用"的商业负责人。周一早晨到周六晚上他们都是如此，当然有时也会抽出时间为周日的礼拜做准备。

在这个君主专制、帝王专制和天主教统治下的世界里，荷兰这

---

① 又称莫里斯亲王（1567—1625），沉默者威廉的次子，1585年至1625年间任尼德兰连省共和国执政。

仓库

个内部四分五裂的国家居然幸存了下来，这着实让当时的观察家们摸不着头脑（他们经常搞不清楚这是为什么）。其实他们都没有看到荷兰的本质，荷兰共和国的统治者其实是一些富贵人家，他们把荷兰当作了商业经营的基地。他们很明白自己想要什么，所以决定不过多地干涉荷兰的内政，这种做法很有价值。但在所有的重要事项上，他们一定要遵从唯一的准则：以最少的努力得到最大的利润。

荷兰人的这种生活态度很普遍，这也是为什么他们对亨利·哈德逊的发现不怎么感兴趣。因为投资美洲大陆北部总是捞不到利润，那里没有金子，没有城市，当地人还拒绝工作。虽然说这为殖民地的发展提供了绝好的机会，但十七世纪的荷兰人对此却不感兴趣。他们从未想过要建立殖民地，对殖民地也一无所知，国内也没有多余的人口可以用来大规模收购并成功开发这块无人占领之地。所以，统治阶级一提到美洲，他们就摆出一副冷漠的架势。如果有平民百姓想冒险，他们大可自由投资。议会甚至还会鼓励他们，给他们特许，并赋予他们独家的贸易特权。但这些特权的有效期仅有五年左右，因为在有效期内，金矿、银矿或其他宝藏就被发掘出来了。这时，国内贵族们就要想办法，保证这些战利品中有自己的一份。

但不久之后，情况就发生了变化。荷兰和西班牙之间的停战条约就快失效了，两国之间的战争可能会卷土重来，越演越烈。荷兰要尽力打击西班牙力量的核心，也就是要把战场转到西班牙的殖民地：亚洲、非洲和美洲。荷兰的贵族们也并非完全不关心新尼德兰的命运，在这种情况下，他们认为曼哈顿岛是一个很重要的战略点，如果留给某个小私有企业，实在是不明智的举措。这个小公司捕了些海狸，也建了一两座堡垒，但它的规模很小、实力很弱，不能在即将上演的西半球斗争中成为重要的因素。

这个小私有企业就是所谓的新尼德兰公司（New Netherland Company）。这个公司当时要求延长许可证，并提供了一张新地图，来表明公司代理商已经将生意扩展到了特拉华地区以及康涅狄格河流域。鉴于上面所说的情况，公司的要求被拒绝了，但这并不意味着他们必须放弃之前的经营场所。三级议会为了做好准备迎接与西班牙之间的战争，想要巩固自己在新大陆的控股公司，并为这些公司找一个统一领导。东印度公司的领导在东方怎么做，他们这个公司的领导在美国也就怎么做。

于是，1621 年 7 月 1 日，西印度公司成立了。西印度公司获得了非洲西海岸（包括好望角）以及美国东海岸的贸易垄断权，而且几乎享有了这片广阔地域的主权：公司可以拥有自己的陆军和海军，可以征服并占有新的领土，还可以征税。简而言之，只要目的是打败西班牙人和葡萄牙人的抵抗，公司就可以做任何事情。从现代的角度来看，西印度公司与一个经过精心伪装、又有政府撑腰的海盗组织十分相似。而事实上，公司的初衷也正是如此。

公司的海军上将们成了出名的"抢劫者"，专门拦截并抢劫西班牙的舰队，这些舰队每年从哈瓦那（Habana）①向加的斯（Cadiz）②

①西印度群岛最大城市和著名港口，今古巴共和国首都。
②西班牙南部海港。

运送在外掠夺的金和银。垄断区域内的商品运输线不景气的时候，公司内部的小官员就做起了奴隶生意，为弗吉尼亚的"保皇党"和马萨诸塞州的清教徒提供充足的黑人劳动力。

停战条约刚刚失效时，战争还未爆发，两国人民仅仅只是担心会打起来。这时，荷兰西印度公司的士兵和水手们为祖国做出了宝贵的贡献。

那时巴西已被征服，西印度公司将圭亚那（Guiana）地区也划入了垄断区域，因为糖在那里卖得很好。加勒比海上的许多岛屿经过改造，都成为了公司这些"海盗"的供给基地，钱也不断地涌进。但十九董事会（这个团体由十九人组成，充当这个复杂组织的执行委员会）过于在乎眼前利益，没有为将来存下一分钱。头几年流入金库的好几百万，以额外收入的形式立刻被瓜分干净了。

这使得西印度公司的股票成为了阿姆斯特丹交易所里最不稳定的一支。另一方面，也因为这种不稳定性，使得西印度公司在危难时刻很难借到钱。

在民谣中，西印度公司非常出名，是它给人们带来了意外的财富。

但在阿姆斯特丹和米德堡（Middelburg）①的银行家看来，公司的信用不好，这就说明了一切。

这个神奇的公司尚未开始经营，就已经倒闭，公司内部几乎都是略加伪装的掠奴者、海盗以及国际诈骗犯。这样的一个公司竟然

①也称米德尔堡，位于荷兰西南部西兰省的一座城市。

能意外受托，看管荷兰在哈德逊河沿岸的财产。

新尼德兰公司之前的主人和那些从 1618 年开始就在那些地区做生意的人（1618 年是第一次许可证失效的年份），都有一年的时间来转移他们的财产，召回船只，关掉公司仓库。修建这些仓库的木料都取自"洼热纳瓦克纳斯"（Waranawankonas）或长岛海峡的树林。

私企的时代就此结束了。

第七章 竞争对手

荷兰在美国的这些发展，有个国家看不顺眼了，那就是英国。

有关荷兰西印度公司创立的详细消息，在几个月后就泄露了出去。新公司的船只准备好要穿过大洋时，英国政府命令在荷兰的英国大臣进行秘密询问，并强烈抗议荷兰进一步踏入英国的领土。因为新大陆的这片地域在已逝的沃尔特·雷利爵士（Sir Walter Raleigh）①的时代，就已成为了英国的领土。

其实英国政府对这些遥远的领土并不在意，甚至在三十七年之后，他们也说不清以上领土具体在什么位置。他们从未调查过这部分领土，后来哈德逊的航行才逼迫他们采取了调查行动。这些小细节很随意地就被忽略了。英国枢密院表示：从佛罗里达到缅因，沿岸都属于英国，因为古代决定所有权的方式是"先到先得"。

英国这些高官是怎么得出这个结论的，我们不得而知。沃尔特爵士当初派出的两名航海家，他们北上只到了今天的北卡罗莱纳州。但在美国与英国进行和平谈判时，本杰明·富兰克林（Benjamin

---

①沃尔特·雷利（1552—1618），英国伊利莎白时代著名冒险家、军人、诗人、作家、政治家。

CANADA

SAINT LAWRENCE RIVER

ALL THIS IS FRENCH

PENOBSCOT RIVER

LAKE CHAMPLAIN

VERSCHE RIVER

CONNECTICUT RIVER

NEW ENGLAND

BOSTON

PLYMOUTH 1620

NEW NETHERLANDS

FORT ORANGE

HUDSON RIVER

FORT GOEDE HOOP

ENGLISH

NIEUW AMSTERDAM

DUTCH

ZUID RIVIER

DELAWARE RIVER

NEW SWEDEN
AFTER 1655 PART OF
THE NEW NETHERLANDS

VIRGINIA

JAMESTOWN

ENGLISH

1609 - 1664

新尼德兰

Franklin）用的地图可谓漏洞百出，不尽如人意。如果我们还记得这件事，那就很好理解为什么在早期（《巴黎和约》^①前的一百五十年），两个国家经常一有领土分歧就会引起公开的冲突。这些冲突在今天看来，只需简单查阅众多地图册中的一张地图就可以解决。所幸英国人在指责荷兰人入侵领土时，表达得含糊不清，这样，荷兰人也以同样模糊的、态度不明的答案搪塞了过去。

荷兰与西班牙的战争迫在眉睫，议会会长不敢草率冒犯英国国王这位实力强大的邻居，所以三级议会急忙向英国国王保证，整个事件没有那么夸张，而且在海牙的英国大臣也粗略接受了会长的解释。至少，他向英国政府说明了这件事有些小题大做："四五年前，两个阿姆斯特丹的公司开始和居住在哈德逊河河口的土著人进行贸易，这两家公司后来擅自给这片区域命名为新尼德兰。从那时起，他们时不时地派出重三四十吨的船只（绝对不超过这个重量）进行皮毛贸易（贸易规模绝对很小）。为了和当地土著人安全地进行贸易，他们派出了一些人去该地居住，这些人又建了些小砖房（但绝对是为了提防土著人，保护自己生命安全和财产，才建了这些房屋）。但（最重要的一点）荷兰从来没有想过要在那里建立永久的殖民地，在写这封信时，据我所知，荷兰也没有任何的扩张计划。"

为了进一步表明自己的好意，会长又顺便加了几句：前几个月，很多想要移民的人都来找他，托他向英国这边咨询，问问弗吉尼亚公司允不允许他们在哈德逊河河口定居；在英国殖民地做生意，成

---

① 指的是《美英巴黎合约》，即1783年美国和英国为结束美国独立战争而缔结的合约。

功的几率又怎样；等等。

对此，达德利·卡尔顿（Dudley Carleton）[①]绝妙地评论到："为了安全起见，荷兰人没敢声称所谓的新尼德兰是他们的地盘。如果荷兰人有意将那片土地变为自己的殖民地，他们就不会希望与陌生人混杂共存，也不会希望自己成为他国政府的人民。"

荷兰这样做，都是参考了之前最好的外交惯例。

于是，英国人就声称自己获得了这片本不属于他们的土地。

而荷兰人，也继续占领着这块名义上已不属于他们的地盘。

双方就这样隐瞒自己的计划，把最终要解决的问题拖到未来久远的日子去。

其实，议会会长有一点还真说对了。西印度公司当时的确忙得不可开交，完全没有时间和金钱花在美国北部的殖民计划上。公司既要征服巴西，又要在加勒比海进行海盗活动，还忙着在新几内亚建立奴隶贩卖组织。

通过了解各种船只的动向，人们获取了少量的信息。这些信息表明：荷兰在美国北部的贸易，规模依旧很小；偶尔有船只前往哈德逊河，也只是买点皮毛；各地都会有一些能吃苦耐劳的拓荒者，他们不喜欢居住在镇里，不喜欢每天身边都有人陪伴，于是来到了无尽的森林，与土著野人一起过着孤单的日子；荷兰的船长们继续探索新大陆，偶尔也会发现一些河流、小溪和山脉。而所有的这些，都由阿姆斯特丹的制图者和雕工添加到了地图里。

[①]即上文提到的英国驻海牙的外交大臣。

新阿姆斯特丹后来成为了彼得·史蒂文森的居住地，还成为了世界未来的中心。西印度公司正式开始接管这里时，我就应该为它欢呼，升起光荣的荷兰共和国国旗。我还应该郑重其事地宣布：从今天起，西印度公司开始掌权。然后，下令为这座城市打下第一块基石。如果真的有人这样做了，那该是多么欢快啊！

但可惜啊，当时情况并非如此，新阿姆斯特丹的建成与罗马的建成一样神秘。这就像是前天才发生的事，但我们却没有一点有关此事的文件。事情是这样的：十七世纪后半叶，西印度公司进行了重组。既然公司已经倒闭，不复存在了，所以没人愿意去追究公司之前的文件。重组之后，少量的文件留了下来，但在上世纪的前半叶，这些文件就被我们受人尊敬的祖先毁掉了。那时法国在这里统治了十年，祖先们的民族自豪感因此完全被打破。他们懵懂度日，看着不敬神明的祖父们居然还活得很快活，替他们感到十分羞耻。于是祖先们把藏有重要旧文件的阁楼卖给了拾荒人，得到的钱花在了转变犹太人的宗教信仰这个任务上。当时，对于国王威廉一世的臣民而言，这个任务是最重要的事情了。

西印度公司刚开始统治哈德逊河区域时，经历了一段黑暗时光，大家就像西徐亚人（Scythian）①，随时保持着警惕。其实这件事西印度公司自己是有责任的，当时的情况把公司成员逼到了很难堪的位置。面对英国时，他们实行"假装"政策。这个政策将荷兰"占

---

①一支具有伊朗血统的游牧民族，公元前八世纪至公元前七世纪从中亚迁徙至俄罗斯南部，以今天的克里米亚为中心建立起了强大的帝国，后于公元前四世纪至前二世纪被萨尔玛特人所征服。

领"所谓的"新尼德兰"这件事，变成了无足轻重的小事：仅仅是一些精力充沛的商人来这里，用几瓶杜松子酒和几桶火药换些海狸毛皮。但在自己人面前，他们又坚称，自己才是这片土地唯一法定的主人，这片土地可比荷兰大了一百多倍。他们还称，如果没有事先获得十九董事会亲自盖章并签字的官方许可，任何人都不能在康涅狄格河和特拉华州之间的区域定居。

为了保持平衡，他们既要满足英国，又要满足自己人。因此，他们被迫撒了很多弥天大谎。

他们没有高调地颁布法令，明确禁止所有个人在哈德逊河这片领土上定居，但他们也没有以语言或行动的方式鼓励商人前往那片土地。

他们也知道，一些旧公司的管理人尚未离开新大陆，这些人肯定会把妻儿接过来。但他们一般都忽略了这种公开侵犯公司垄断权的行为，也不阻止移民坐船来到新大陆。

他们知道这些偷渡行为都是违法的，但他们自己也缺乏人力和资金来适当地开发这片广阔的土地，所以就只能睁一只眼闭一只眼。随后，来自莱顿的清教徒在马萨诸塞州建立起了新的神殿，新尼德兰也逐渐被快速增长的英国人包围。十九董事会认为，这些偷偷摸摸的人其实可以成为某种人力资源，为公司的发展打下基础。等到以后公司有实力自己做生意了，还可以建一些堡垒。在这片遥远的土地上，这些堡垒可以有力地证明：白人已经在此定居了。

但他们的进展慢到了极点，还没等他们开始进行"官方"的活动，就发生了另外一些事情。这些事情再次表明：要将饿汉挡在装满食物的橱柜外面是不可能的。

新教徒由于宗教信仰的原因，曾从南方被放逐，来到了北方。荷兰人作为心地善良的加尔文主义者，当然会对新教徒们十分慷慨。总的来说，这些被放逐的新教徒在叛乱的前十年至前十五年，还是挺受大家欢迎的。

但后来怎样，想必大家都知道。

第一批受宗教迫害的难民们来到北方时，引起了荷兰人的兴趣和好奇，他们被称赞为英雄、烈士。可下一批难民到来时，大家的激情就有所减退了。因为之前已经在这里定居的难民有的开起了店铺，有的在工厂里找到了工作，还有的在交易所搞风险投资。总之，在各方面都与荷兰人竞争。低地国家向来有"工会天堂"的美誉，虽然大家都高呼"与受难的基督教兄弟们团结一致"，但工会成员始终是工会成员，对那些同自己竞争的非工会人员，他们肯定恨之入骨。外国人当然也可以加入工会，但这得等一段时间，在这期间他们也得谋生啊。很多荷兰家庭对这些因为信念坚定而受苦受难的人们十分关爱，因此他们总是去光顾这些弗兰德人开的面包店、肉店和蜡烛店，而不去光顾自己同胞开的店。双方并没有产生公开的冲突，但后来想移民到新大陆的难民越来越多，于是，再也没有人欢迎他们长期留下来了。

十九董事会为了自身利益第一次派船前往北美时，船上就有许多难民。船离开荷兰时，正好是 1624 年的春天。此时距西印度公司建立刚好三年，距哈德逊回到朴茨茅斯刚好十五年。这艘船名叫

"新尼德兰号"（Nieuw Nederland），由康奈利·雅各布曾·梅（Cornelis Jaconszoon May）带领。康奈利船长很出名，非常有能力，也是和蔼可亲又善解人意的人。

随行的还有三十个家庭。船长不仅被任命为远征的总司令，而且，一旦成功到达"莫里斯王子河"河口，他就能成为新殖民地的总干事。这里我最后一次称亨利·哈德逊发现的那条河为"莫里斯王子河"。我在前一章写到，十七世纪的荷兰商人最注重"实用"，一旦有合他们口味的政策，他们甚至愿意放弃原则。我随后写到有关他们的东西，都是与这点相关的。在国内，贵族和统治阶级内部发生了一场战争，战争持续了两百多年。统治阶级不过是想向皇室证明，他们这些以三级议会为代表的富商才是共和国真正的统治者。在他们统治下的省长们虽然也有不少执行权，但顶多只是议会的仆人。双方就此吵得不可开交，有时议会成员的妻子甚至（她们自称为"老板的妻子"）拒绝主动拜访省长的妻子（前者称其为"丈夫雇员的妻子"），必须要后者先拜访她们，她们才会回访。省长的妻子碰巧有英国国王的女儿（这种现象在当时很普遍，英国皇室女子宁愿嫁到海牙，也不愿被迫嫁到德国那三千九百四十一个省份中的任意一个），这时情况就搞得有些紧张了。有这么一次，出动了至少六个驻外大使来进行调停，才摆平了这件事情，甚至还差点因此发展成内战。

这些商人宁愿上绞刑台（确实也有上绞刑台的商人），也不愿放弃他们的主权。他们喜欢拿自己跟古罗马的参议员作比较，还坚信自己居住在"民主"的"共和国"里。但一说到口袋里的钱，他们马上就脱下了民主的伪装。

商人们非常清楚，国家的政治结构复杂至极，野人们根本就搞不懂（一百五十年后，我只知道两个人搞懂了这个结构，他们是莱顿的博学教授）。因此，商人们一踏出国门，国内的省长们——也就是他们的雇员们——就成为了最大、最尊贵的统治者。省长们转眼就变成了伟大的领袖、骑在皇家马匹上的首领，提到自己时都用第一人称复数。

此时在印度、非洲以及美洲，拿骚的莫里斯王子扮成这些地方的君主出现在人们面前。各大贸易公司的董事为了引起当地人的赞赏，在文件里一概称莫里斯为"我们亲爱的陛下——莫里斯王子"。

"毛里求斯河"或"莫里斯王子河"这两个名字是什么时候正式改为"哈德逊河"的，我们不得而知。哈德逊航海时，刚好是莫里斯王子担任省长期间。不久之后，他的名字就代替王子的名字，开始出现在地图上了。

这里再谈一下新殖民地的官方名称，新殖民地被赋予了类似"伯爵地位"的"县"的高贵地位，印章上也夸张地印着"新比利时印（Sigillum Novi Belgil）"几个大字。荷兰人如此卖弄学问，坚持要把自己的博学以及对古典语言的精通在任何场合表现出来。这其实并无大害，但却给人们留下了错误的印象（这种印象在一战后尤为普遍）。大家误以为纽约州最初是比利时的殖民地，住的都是从比利时移民过来的勇敢人民（参考《恺撒记事》），殖民地最初的名字还是"新比利时（New Belgium）"。几百年后,也就是法国大革命时期,又有人认为这片殖民地是另一个新的比利时,与之前的比利时断了关系,住的也是新比利时人。即使新尼德兰在早期的拉丁地图上标注的是新比利时,这也肯定与1624年那次弗兰德人的到来没有任何关系。罗马人则称整个美国西北部为欧洲的角落,说这个角落挨着北海的"比利时"。文艺复兴时期那些卖弄学问的人再次激活了这种习惯,十七世纪的地图绘制人也将它延续了下去,于是大家都忘了事实的真相。后来,凡尔赛出了名博学的政治家更正了一张之前大家都没有仔细研究过的地图。后来,哈德逊再次发现"韦拉扎诺河"时,有人找到了这张更正后的地图。至于忠诚的康奈利·雅各布曾·梅船长,他当时还在莫里斯王子河河口等着我们呢！后来上岸后,他忙活了好一阵。

首先,他和一个法国人进行了斗争,这个法国人在探索这片区域,明显就是路易斯国王（King Louis）的手下。接下来,他逆流而上,来到了一个堡垒前。这个堡垒已经被人们忽略了,它是西印度公司的前身在八年前修建的。船上的乘客在那里下了船,他重新粉刷了这个堡垒,并命名为奥兰治堡垒（Fort Orange）。接着他继续南下,追逐一艘法国船只。这艘船太执着了,据说它跌跌撞撞到了特拉华河河口,才回了法国。

梅船长的这次航海象征着荷兰探索时代的终结。从凡斯奇河（Verssche Rivier）到祖一德河（Zuid Rivier,也就是从康涅狄格到特拉华）,海岸线的轮廓已为人们熟知。其余的部分就是腹地了,这些地方可以等到皮毛商人在内地建立代理机构后再加以探索。帷幕已经掀起，第二幕喜剧将要开演：公民政府的时代。

现在正是时候向你们介绍一个人，这个人十分优秀，在坦慕尼协会（Tammany Hall）①建立前仅一百五十年就开始在美国任职。

---

①也称哥伦比亚团，1789年5月2日建立，最初是一个美国的全国性爱国慈善团体，专门维护民主，后来成为纽约的政治机构。

第八章 够资格去西方

在西印度公司成立前，有许多人擅自闯入新尼德兰，并在此定居。虽然新尼德兰早已采取行动，将这些人驱逐出境，但山丘岛（Island of the Hills）①依然居住着土著野人。总之，本来整个地区都被清扫干净了，但这时突然有人从荒原的中心冒了出来，低声要求给予他们精神粮食。

这就意味这一件事：有人违抗了十九董事会要求他们撤出的命令，依然还有许多人居住在美国这片殖民地上。先前新尼德兰公司还存在时，这些人便来到了新大陆，接到离开的命令时，他们拒绝了。

确实有这种人，他们住在小的聚居点，比如"王子岛"【Princen Eiland，之前被称为"杀人犯岛（Murderers' Island）"，这名字取得真吉利】和"特拉华村庄（village on the Delaware）"，这些地方现在都找不到了。还有一些其他的地方是可以找到的，比如位于曼哈顿附近的"诺顿岛"【Noten Eiland，现在的总督岛（Governor's Island）】。

---

①即曼哈顿岛。

这些人当中有些是商人，是从前旧公司的代表。剩下的则是农民和船夫，他们则很少有人经商。总之，他们觉得有必要找个人来主持他们女儿的婚礼，为孩子进行洗礼或是埋葬已逝的妻子。所以他们写信给阿姆斯特丹的宗教法庭（法庭是东印度地区和西印度地区的宗教咨询会），要求法庭派一名牧师过去。如果没有牧师，派一名"慰病员"也行。"慰病员"的字面意思是"安慰病人的人"，这个人也给大家读圣经。这是牧师中很低的一个官职，他们由于缺乏培训，没能通过当时困难的神学考试，但他们还是能做礼拜，这种人就相当于现代的福音传教士和中世纪的神职医护员的综合体。

阿姆斯特丹的牧师们倒是很愿意帮忙，但要选出合适的人选甚是困难。美国太远了，高级的牧师们都愿意去巴西或者西印度群岛地区。在上帝的葡萄园里，他们会选宜人又温暖的地方。他们才不愿意冒生命危险，来到撒旦的荒原，天知道这些荒芜之地在哪里啊！这迫使阿姆斯托河（Amstel）①两岸的神职医生做了好多宣传工作，最后才找到了他们要找的人。这个人是个普普通通的基督教徒，名为巴斯蒂安·简斯曾（Bastiaen Janszoon），他称自己为巴斯蒂安·简斯曾·克罗尔（Bastiaen Janszoon Krol）。

克罗尔出生在弗里斯兰省，与彼得·史蒂文森是老乡。他1595年出生，二十岁就结婚了。这事儿其实不重要，我在这里特别提到，是因为其中有个很有趣的细节：他是个文盲，结婚时，这个开心的新郎只能用十字架来标注自己的名字。他是个年轻又充满活力的人，

①穿过荷兰首都阿姆斯特丹的一条河流，该城市的名称即由此而来。

七个月后,他还帮助牧师为自己大儿子尤尼斯(Theunis)做了洗礼。当时他已经搬到了阿姆斯特丹,并在一个丝绸工厂里找到了工作,还加入了工会。

也不知道为什么,克罗尔觉得上帝在召唤他前往东方或西方,去给异教徒讲福音、安慰病人。他当时好像已经掌握了读写的基本技巧,于是申请参加考试。参加考试的都是希望成为副神职人员的人。他取得了考试资格,但没有通过考试。然后碰巧的是,其他几个"慰病员"都生病了(可能是听说要到那么遥远的地方去才假装生病),所以他接到了任命,要求他立刻前往新尼德兰。当时他也生病了,但很快就好了,于是在1624年的春天,他来到了新大陆。

他带了一套书面的指令,上面详细写明了他的职责:他必须安慰并指导病人;两天念一次祷告书,每顿饭前还要说祷告词;按情况所需,他还要念旧约或新约里的一两章内容,或是读荷兰归正会(Dutch Reformed)①有名牧师的作品。但只有全职牧师才能做的高尚的事情,他是绝对不能涉足的。也就是说,他自己绝对不能布道,不能举行圣餐,不能主持婚礼,不能给孩子做洗礼,等等。

这些东西在纸上看起来很可行,但克罗尔刚刚到达新大陆,就发现有太多的困难围绕着自己,而这些困难是在规章制度里没有提到过的。因此他被迫回到了阿姆斯特丹,向地方教会法庭说明了他的困难,请求他们给予进一步的指导。

克罗尔被这些困难搞得心烦意乱,他在报告中提到,新尼德兰

---

①即加尔文宗。

现在有很多孕妇，如果不派一个可以做洗礼的司祷过去，这些孕妇的后代就不能接受洗礼了。如果司祷不能主持婚礼，许多年轻女子就只能和丈夫"姘居"。总之，报告中给出了很多强有力的理由，说明了为什么要为这些移民派去真正的牧师，或者也可以派去"慰病员"，但在必要时刻要允许慰病员代替牧师举行重要的仪式，比如婚礼和洗礼。

阿姆斯特丹的牧师们仔细讨论了这个问题。他们阅读了由这些移民签署的请愿书，但最后还是决定不向那里派去真正的牧师，因为弗吉尼亚斯（Virginias，本该是弗吉尼亚，这个笔误太危险了，把地名都写错了）的家庭数量还不够。但念在他们都是自己以前的教区的居民，还是深表同情，想帮帮这些人。于是他们决定派克罗尔再次前往，举行婚礼和洗礼。为了让克罗尔能正确地、优雅地举行这些仪式，牧师们要求他将婚礼和洗礼的礼节熟记于心。他们再次提醒克罗尔，他绝对不能自作主张，发明一些夸张的装饰手法来举行这些圣神的仪式。毕竟，这是一种很危险的尝试，也算开了个危险的先例，所以牧师们觉得还是谨慎为好。

但是，有关新大陆的重要数据在报给阿姆斯特丹宗教法庭时肯定出了差错。克罗尔 1625 年 6 月回到了哈德逊河河口，当时曼哈顿岛的人口已经达到了两百。他同时还发现：自己有了竞争对手。在他回国的这段期间，一个名叫简·惠更（Jan Huygen）的人出现了，而且满足了殖民地居民的精神需求。他就是后来新尼德兰州的州长彼得·米努伊特（Pieter Minuit）的妹夫。这一职位的收入本来就很少，一想起要与这个明显已经深入人心的人平分收入，克罗尔的热情顿时消减了不少。一年后，他就提交了辞呈（他的辞职也立即得到了批准），在西印度公司当上了小文员。他被派到了奥兰治堡垒，那里还有一支十二人组成的戍守军队以及八户人家。不久之后，那里的大多数人都从内地搬到了哈德逊河河口，而他则作为民事指挥官留了下来。

他在奥兰治堡垒呆了三年，在这期间他逐渐认识到，西印度公司将所有的精力都投入到新建城市新阿姆斯特丹是一个错误。他还意识到，奥尔巴尼附近的土地如果开发得当，可以带来很大的价值。因此他再次辞职，搞起了开发。他回到荷兰，试图让富人对他的发展计划产生兴趣，他的计划就是要在这个州的北部建立一个独立于西印度公司的殖民地。他最终找到了投资人——基利安·范·伦斯勒（Kiliaen van Rensselaer），并担任了他的代理商，再次跨越大洋来到了新大陆。

伦斯勒先生的代理人——也就是克罗尔——后来居然再次进入了西印度公司，并且还被任命为整个新尼德兰的总督。其实这也不是什么惊奇的事情，毕竟当年什么事都有可能发生。

这个曾经的丝绸厂工人、曾经的司祷，在新的岗位上干了仅仅约一年的时间（1632年3月至1633年3月）。在新的总督沃特·范·特维勒（Wouter van Twiller）来到新大陆之后，他第三次回到了荷兰。但他已经习惯了新大陆的生活，于是在1638年他又来到了奥兰治堡垒，而这一次，他只是西印度公司的一个小员工。在此之后，他的知名度大减，我们也没有他的有关信息了。1645 年，他似乎在阿姆斯特丹，因为他的名字出现在了一张名单上。这个名单上的人都因为一些生活丑闻不得参加圣餐。

你们可能会说，这些都是不重要的片段，讲述的不过是某个小人物平淡无奇的故事。

确实如此，但这也是一系列类似的小故事的开端。

这些平淡无奇的故事将会告诉大家，为什么像固执鬼彼得这样精力旺盛又充满勇气的人，还是没能将殖民地从最终的悲惨命运中拯救出来。

第九章 名为"阿姆斯特丹"的要塞

1625 年 4 月 22 日，有四艘船离开特塞尔，驶向了新尼德兰。它们分别是"鲭鱼号（Macreel）"、"骏马号（Paert）"、"母牛号（Koe）"和"绵羊号（Schaep）"（第一艘船的名字是一条鱼，后三艘船的名字是有用的家养动物）。船上有一名乘客是位工程师，名叫克林·费雷德里克曾（Crijn Frederickszoon），他接受命令，去哈德逊河河口处寻找一处便捷的位置（如果是小岛更好），在那里修建一个合适的要塞，名字定为"阿姆斯特丹"。

计划的指挥官威廉·费尔哈斯特（Willem Verhulst）是个精力充沛的人，他提供了有力的帮助。克林于是探索了哈德逊河周围的区域，并得出结论：曼哈顿岛的下端是最佳防御地点，它的两个近水区还很适合发展贸易。

这片区域比诺顿岛（总督岛）大多了，所以更容易遭受突袭。但诺顿岛几乎没有放牧的地方，从荷兰运过来的牛、马就无处安置。并且，山丘岛因为有丰富的森林和果树，成为了名副其实的天堂，而这些是诺顿岛所没有的。于是，曼哈顿岛被定为了居住地。1625

年 7 月，大家修建了临时建筑棚，带来了一堆凿子和铲子，后来这片地区成为了新阿姆斯特丹镇。

据说，要塞在不到一年的时间内就完成了，诺顿岛的居民带着牲口，坐渡船穿过海湾来到了这里。1626 年 9 月，州长秘书在官方信件中开始使用"曼哈顿岛阿姆斯特丹要塞"这一寄件地址。

这是否就能证明，要塞真的按照费雷德里克曾从荷兰带来的详细方案，在一年之内就完成了呢？这点我们不得而知。但 1628 年 8 月，牧师麦克里斯（Michaelius）写信给乔纳斯·弗里斯特（Johannes Foreest）说："他们在修要塞，但这个要塞既不挡住野人，也不能挡住外来的敌人。"如果真是如此，要塞在 1628 年都还在修建阶段，那又怎么可能在 1627 年就完工了呢？

第二年六月，西印度公司承诺："镇里的要塞很快就能进入良好的防御状态了。"以此说服人们搬迁到新阿姆斯特丹。

六年后，我们听说沃特·范·特维勒在用奴工"完成要塞的建筑"。

又过了一年，特维勒抱怨说要塞的木质栅栏几乎都坏掉了，整个要塞应该按原计划用石头重建一次。

到了 1643 年，一名耶稣会的神父告诉我们：要塞的土墙太低了，而且没有人管，大家可以从任何方向跨过土墙，随意进出要塞。

这就是关于一些半官方管理员的陈旧故事。

此时在国内，十九董事会对此没有发表任何意见，而是在纸上写满了一堆详细的指令用来指导要塞的修复。他们费尽心思将法令和公告传到大洋彼岸，但是却委托了一些下等人来执行这些法令。

木栅栏围成的墙

偶尔，他们也会不顾雇主的反对，派一些有勇气、有活力的人前往新大陆。但这些人到了新大陆后，有的没有足够的资金，有的被冗长的繁文缛节所困扰，总之，没有取得任何成就。

西印度公司一贯都忽略了这个要塞。克林·费雷德里克曾请来的木匠和泥瓦匠抵达曼哈顿岛之后，发现了一片无人居住的森林，可能之前在这里居住的土著人搬到附近的格林威治（Greenwich）①村庄去了。西印度公司给这次远征提供了一套住宅区的蓝图，但第一年，这些人都住在土屋里。也就是说，他们先在地上挖个洞，用厚木板支撑起四周，找一些树皮盖住这些木板；再以同样原始的材料简单地盖上屋顶；最后给屋顶涂上泥土后，就可以称之为家了。九年前阿德里安·布洛克的船沉没之后，船员也在与此相似的冰屋里过了冬。克林回到荷兰接受进一步的指令时，这些人依然居住在这种洞里面。他们原本要修建四套真正能称为家的房子，但因为资金不足，计划只能搁浅。后来，要塞的兵营逐渐完工了，但建得实在太烂，十年后就到了不得不修的地步。在荷兰向英国投降、放弃新阿姆斯特丹时，英国人谴责这些兵营"太旧太腐朽"，决定暂时不占领这块地方。

十七世纪，荷兰人出国都是为了做生意。这些人觉得自己是临时的流放者，所以尽可能地保留了祖国的习俗和礼仪。他们在库拉索岛建的房子都带有尖房顶，因为在家时他们就要修建这样的屋顶来防止雪层堆积。这种建筑形式在寒冷的北方确实很有实际意义，

①位于美国康涅狄格州西南部。

但他们不分场合，甚至在赤道以南的地区也采取这种形式。在爪哇岛的巴达维亚（Batavia）[①]，他们为了营造家乡的气氛，竟然开凿了许多运河。这次实验最终带来了一滩滩死水和无数传播疟疾的蚊子，这比库拉索岛的那次要危险多了，库拉索岛的那次不过是给小镇增添了更多色彩而已。

这次在新阿姆斯特丹，他们也延续了荷兰古老的习惯，仅用砖石来修建房屋。几年后他们发现，用砖石建造房屋和储藏室完全是在浪费钱，因为这片土地上到处都生长着树木。最后他们抛弃砖石，选择了木头。史蒂文森在1647年来到这里时，发现除了教堂、州长官邸、小镇的酒馆和一些属于西印度公司的建筑，整个城市都是木头建造的。

十九董事会最初的梦想是修建一个大要塞，要塞应该像缩小版的城市，里面有教堂、医院、牧师住宅、学校、州长宫殿和一些粮仓，还应该有几十座私人住宅供低级官员使用。但是，这个梦想一直都没有实现。

很快就有母牛在要塞的墙上吃草了。

曾经还有一头好奇的猪，它想摆脱拴在木门上的铁链，居然把木门都弄翻了。

鸡也一直在生锈的炮口下面筑巢。

如此的田园景象，乡下人肯定很满意。

但这在殖民地的管理中，绝对算不上是正经的实验地。

[①] 即今天的雅加达。

第十章 法定权利

新尼德兰镇从前的政府组织形式已经被详细地描述过很多次了，所以我在这里就不细谈这点了。

系谱学的狂热者们把每个早期居民的历史都挖得一清二楚（对居民家人的各种著名的探险经历，他们也挖得很清楚），所以我就不再重复从1624年到1673年间搬到哈德逊河河口的居民了，毕竟这个名单也不会引起读者的兴趣。1673年时，荷兰第二次也是最后一次将新阿姆斯特丹放弃，给了英国。

至于荷兰统治时期的建筑物，它们的地址也经过了细致的研究，我就不再浪费时间和精力去抄写博学的考古学家的研究成果了。

我要写的东西既引人入胜，又非常难写，那就是在某种程度上重塑彼得·史蒂文森所处的"时代"。至于木匠张三家的农场到底有多大；李四家厨房的准确位置又在哪里（理事们为了防止引起火灾，下令所有的厨房都必须修在房屋外面，这种做法在中世纪还挺常见的）；又发明了什么高级办法将牛马从船上卸下来。这些对于我所要完成的任务来说，都没有什么意义。

我很想知道当时人们的思想，他们晚上聚在一起时都会谈论什么呢？但要重拾这些引人入胜的小细节是不可能的了，我们既没有当时的日记，也没有回忆录。说实话，大部分早期的移民都是很单纯的人，他们不常在纸上记下自己的情感。他们中绝大多数人还是可以勉强阅读和写作，但几乎没人愿意给家乡人写信"闲聊"。"闲聊"信件里其实含有许多有用的信息，只是不仔细读就不能体会出来。只有在他们跟理事（西印度公司派人去管理新尼德兰，官方称这些高官为理事）或牧师吵架时，或是理事和牧师内部闹不和时，他们才会写下自己的观点和不平。他们不过是中下层阶级的平凡的荷兰人，他们之前没有离开祖国是因为国内的物资实在太丰富了，而且"公爵从不移居国外"这句话放他们身上同样适用。他们大多数人都没有在荒野生存的资质，天生就不适合做真正的拓荒者，后天训练也没用。西印度公司没有远见，将所有殖民地都当作"交易站"，一旦察觉某殖民地可能要独立就立刻镇压，将动乱扼杀在摇篮中。

但从一开始，这个小聚居点就显示出了一些慷慨的精神（这种精神不能用自由主义这个词代替），这一点与北美的其他殖民地有所不同。虽然新尼德兰的大多数管理者都没有什么能力，虽然牧师们总因彼此的固执而吵架，但小镇还是形成了自己的特色。后来，这些特色中的某些元素，还促成了纽约这个新大陆最成功的知识和金融中心的形成。

我们不可能明确地指出某一点特性，说"就是这个特性，衍生出了这座现代大都市的宽容之感"。我们也不可能在从马斯河(Maas)

河口到哈德逊河河口的范围内，追溯伊拉斯谟（Erasmian）[1] "待人宽容，和平共存"原则带来的微妙影响。但这种精神确实蕴含在其中，并且可以通过许多细微的方式感受到，只是当时没有引起人们的注意而已。

十七世纪，人们总是瞧不起荷兰人，说他们不过是一群小镇上的杂货商和记账员。荷兰人听得太多，懒得回应，甚至连否认都省了。就算整个世界都说他们是心胸狭窄的果蔬商，是管账本的，又怎么样呢？即使荷兰人真是这样，荷兰的君主也不认为有什么大不了。要知道，他们已经打败了西班牙，也快要战胜英国了。他们征服了几千平方千米的外国领土，而他们取得这些成功所花费的资金说不定就是从许许多多的杂货店来的。要是没有记账员仔细记下的每笔账，或许这些钱早就被挥霍光了。有些国家不就把钱挥霍光了吗？在那些国家，有土地的人都不想让自己孩子知道怎么去计算成本和管理开销，这些在他们看来都是乏味的小事。荷兰的历代君主骑在马上时看上去确实没有什么军事风范，但是当他们坐在舒适的桌子后面，右手熟练地夹起一支鹅毛笔，左手抚摸一本支票簿时，许多外国君主还是很喜欢他们这幅模样的。于是，这些杰出的"店老板"们把别人的看法抛在了一边，自己毫不在乎地继续做了平稳而赚钱的生意，发动了战争，达成了和平，赞助了大学，在其他国家购买了名画、游艇和乡下的房子，印刷了其他国家的禁书，以统一的方式统治了一大片殖民地。他们似乎完全没有意识到自己出身

---

[1] 荷兰哲学家，十六世纪人文主义运动主要代表人物，著有《论自由意志》。

卑微，那些有封建主义倾向的邻国贬低他们，他们似乎也全然不知。

他们生来就有原始的商业直觉，这是他们的店老板祖宗一代一代传下来的。有时，他们也会用婉转的、令人不解的方式将这种直觉表现出来。

正是由于这种商业直觉，西印度公司的股东们才费尽心思，要为曼哈顿岛书写一纸官方的购买法案。

其实这个岛本来就属于他们。

曼哈顿岛的海边和内地大约住了一百多个土著人，他们肯定没有能力保护自己的地产。再说了，我怀疑那些土著部落的人根本不懂什么叫"地产"。如果哈德逊和他的后人说的没错，这些土著人对"我的"和"你的"这两个概念的理解很怪异。就日用物品而言，他们简直就是无可救药的共产主义者。他们觉得这片土地仅仅是猎物很多，方便打猎，除此之外没有任何作用。这样的土地居然还可以买卖，这完全使他们震惊了。整个交易在 1626 年 5 月 26 日完成，当天，彼得·米努伊特【同乡人称他为米纽伊特（Minnewit）】用价值二十四美元的珠子和手镯，买回了两万两千英亩的曼哈顿地产。从土著人的角度来看，这件事似乎很荒谬，因为他们不知道土地还可以买卖；从荷兰人的角度来看，这完全是不必要的交易，因为这个岛本来就是他们的。

但接受过商业方面训练的十九董事会还是希望给曼哈顿岛上这个新建的小镇一个书面的头衔，所以他们走了走形式，将本来属于自己的东西买了过来。交易的时候，他们若是睡个觉可能更好，反正已经拿到了"白纸黑字"的地契。此后若有人攻击他们，他们就可以冲到保险柜拿出地契。这份地契可是由土地的原持有人亲自签署的，他们同意将土地以每亩一分钱的价格转让给新主人。

地契

　　在接下来的日子里，彼得·米努伊特短暂的任期平淡无奇地过去了。在这期间发生的大事，只有一次民事指挥官和当地牧师之间的吵架，这也是很正常的事了。克罗尔的实验并没有成功，他的同事惠更也辞去牧师的职位，开始经商。这时，新尼德兰的殖民地居民已经得到了官方的认可。小镇磨坊的第二层经过整修，变成了做礼拜的地方，这里已经够简陋了，如果再不给会众派去牧师来守护他们的心灵，那可就成了公开的丑闻了。于是，十九董事会又开始寻找合适的人选。他们已经受够了只能读圣经的司祷，这次一定要找个专业的全职牧师才行。

牧师乔纳斯·麦克里斯（Jonas Michaelius）似乎是绝佳人选。他毕业于莱顿大学，在荷兰省和布拉班特省的一些村庄里工作过几年，随后申请调到西印度地区。

1624 年，他被派去了巴西的圣萨尔瓦多（San Salvador）。这个城市后来被西班牙和葡萄牙攻下，于是他转到了圭亚那（Guiana）地区。在那里，他不仅向当地的荷兰人传授了福音，还在当地引起了一股热潮。1627 年他回了一次祖国，第二年 1 月便启程前往美洲，成为了新阿姆斯特丹第一位新教牧师。

麦克里斯是受过良好教育的人，这点和克罗尔完全不同。他写得一手好字，写信也很有魅力和教育意义，有些信至今还保存完好。在遥远的当年，很少有人能告诉我们有关航海的信息，而他就是其中一位。

他这次在海上度过了两个半月，随行的还有妻子和三个孩子。船长叫埃弗特·克洛格（Evert Croeger），埃弗特之前与麦克里斯一起航行过，但因为那次船上有位高官，所以他表现得很温顺。现在不同了，他是后甲板上最大的头儿，于是原形毕露，完全是头"最不懂礼貌的水牛"。绝大多数时间他都是醉醺醺的，很容易被惹怒。有时厨师会拒绝给牧师和他的家人饭吃，牧师于是大胆抱怨，但船长总是摆着一张臭脸，拒绝帮助他们。更悲惨的是，已经有了身孕的牧师妻子感觉身体非常不适。他们到达百慕大群岛（Bermudas）附近时（当天因为有墨西哥湾流，船不能逆流而上，所以换向先去了西印度岛。后来湾流的尾部还很乐意助人，快速推着他们向北前进），她差点儿就丧命了。其实，在到达新大陆七周之后她就离开人世了。她还挺喜欢新家的，两夫妻也都希望能多享受一点这世间的美好事物，她的死实在太可惜了。

麦克里斯博士还是挺喜欢新尼德兰的，他写到："这里的气候很好，空气也很清新，只是温度变化总是很突然。夏天很热，冬天又冷又漫长。这里的土地也很肥沃，还有丰富的猎物、鱼、牡蛎和水果。"

但要找个好点儿的仆人很不容易，当时殖民地已经有了一些非洲黑奴，但他们又懒又脏，不讲信用，还没什么用处。麦克里斯的情况已经够悲惨了（一个鳏夫，带着三个孩子），更糟糕的是，西印度公司没有按照承诺向他供给日常用品。他离开阿姆斯特丹时，公司承诺乘船、住宿都免费。现在他还算是有个住所（算不上什么好地方，他的大儿子只能去一个友好的船长家里住），但公司没有向他提供面粉、牛肉、黄油和奶酪，只是送给他七英亩的土地，让他好好照顾自己。这说来容易做来难，当时怎么都雇不到临时工，牛、马也在来的第一年全部死掉了，他一个人要怎么耕耘这片原始的土地呢？

因此，牧师一家只能靠吃干豆子为生，很多时候都面临挨饿的危险。麦克里斯有敏锐的观察力，他发现，要想在殖民地有一番作为只有一个办法：别再整天谈论海狸毛皮，别只想着出售昂贵的木材来赚钱，要让这片殖民地成为真正意义上的"新"尼德兰，要鼓励移民，给移居者一个机会。

这是个高尚又明智的建议，但最终不过是浪费笔墨。十九董事会没有打算将宝贵的公司变成自由独立的居民的社区。而且麦克里斯在新大陆也没留多久，不够时间来说服上司，证明他们的做法是错的。

他不久之后离开新大陆是因为他被卷入了一场争吵中，这类不可理喻的争吵在小社区里是难免的事。社区里的人一般都无聊至极，若上层阶级内部为了某些超级愚蠢的事情而吵架，他们就会觉得很刺激，就像我们今天看电影、听广播、读花边新闻一样。

麦克里斯一来到新大陆，就意识到自己有可能被卷入争吵当中。他不看好村里的理事们，觉得他们"很幼稚，不懂政治事务"。但麦克里斯认为自己有责任"将民事和宗教事务严格分开，各管各的事"，于是他敦促十九董事会就此制定一套明确的规则，以防止将来理事和牧师发生摩擦。

但不久之后，彼得·米努伊特理事和他的秘书简·范·雷蒙德（Jan van Remunde）就为一些毫无意义的事狠狠地吵了一架，麦克里斯也完全被卷入其中。

这次愚蠢的争吵（吵架的原因早就被人们遗忘了）传出了曼哈顿岛，跨过大洋，最终传到了阿姆斯特丹宗教法庭的十九董事会那里。他们最终决定，召回麦克里斯和米努伊特这两位官员。据我们所知，两人都在 1631 年的春天告别了新阿姆斯特丹，应该是乘坐同一艘船回国了。理事被公司开除了，但牧师似乎还在期待公司很快就能允许他回到新大陆，他也就可以在那里度过余生。他可是殖民地信徒忠诚的侍者，有时他甚至会费尽心血为"用法语布道"做准备，因为这样才能让来自弗兰德的居民听懂，他们是胡格诺派①教徒（Huguenots）。并且，教区居民们也希望他能回去，还用书信的方式向荷兰政府表达了他们的这个心愿。

最初，一切都很顺利。阿姆斯特丹宗教法庭的"印度地区代表团（Deputatio ad Res Indicas）"主管印度地区的宗教事务，对于麦克里斯牧师在新尼德兰作出的贡献，他们称赞不已，并且极力建议十九董事会再次任命他为殖民地牧师。

十九董事会礼貌地回答说，如果还需要麦克里斯博士，他们会照做。

董事会如此随意地拒绝了法庭，法庭觉得很受冒犯，于是再次提出请求。

十九董事会稍微谦恭地做出了回答："目前不太可能继续任命麦克里斯博士。"

"为什么？"法庭问。

此时，董事会再次以最初的简短方式告知法庭：该说的都说了，这件事就此了结。

之后就再也没有听到这位牧师的名字了。

---

①又称雨格诺派或休京诺派，十六至十七世纪法国新教徒形成的一个派别。

他不过是给了十九董事会一些忠告而已，就遭此排挤。

但是朋友们，十七世纪荷兰的商业组织，最讨厌的就是"仆人"给自己提忠告了。

第十一章 哈德逊河上的家徽

伏尔泰先生（Monsieur De Voltaire）是个聪明人。即使他的死敌（其实他所有的敌人都是他的死敌）也不得不承认，他是当代最杰出、聪明的人之一。

虽然他为人宽容，而且总是能想出前卫的主意，但他有一个缺点，这个缺点说明他完全就是他所处的时代的产物。一想起自己平庸无为，父亲又只是一名普通的公证员，他就受不了。所以，他将父亲平凡的姓氏阿鲁埃（Arouet）改成了高调的伏尔泰，他还为出生平凡的妈妈捏造了一长串神秘的祖先名字。他一百岁左右时，名气大到十多个法国国王都知道他。当时在位的国王赐予了他一个小官位，他就自豪的不得了，其实他根本就配不上这一官半职。为了感谢国王提升他的身份地位，他几乎成为了卡佩王朝（house of Capet）①最忠实的拥护者。

蒸汽机带来了工业革命，严重地破坏了陈旧的社会结构。从前，家世和等级比金钱重要多了。我们很难理解，连伏尔泰这种人居然

①卡佩王朝（987—1328），法国封建王朝，因其建立者为雨果·卡佩而得名。

庄园主

110

都受到了牵连。在未来的某一天，我们现有的社会等级看起来肯定会很愚蠢荒谬，就像十七、十八世纪的社会等级一样。所以，若有祖上私底下很羡慕雅洛普拉希先生（Mr. Yellowplush, 萨克雷书中的人物）的贵族朋友，我们也不应该妄加责备。然而有事实表明，在封建制度濒临灭亡的那段时期，人们却对宗谱产生了极大的热情，每个国家、每个社会阶级都参与到了这股热潮当中。至于那些少数的共和政体国家，他们和周围的帝国和贵族国家一样，都受到了影响。这些共和国公民可能假装自己是慷慨的、没有心机的罗马人，但在心底，他们都渴望自己拥有某种荣誉的标志，可以在别人面前炫耀。

十七世纪，荷兰共和国只剩下了很少的中世纪家庭。在东部省份落后的内地，还住着一些有地的贵族，他们低调地生活在平民中，被乡下人称为"大人"。他们以简单的族长统治方式管理着自己的土地，家臣们会拍拍他们的马屁，而作为回报，他们需要满足所有前来索要食物和燃料的人，比如为"大赈灾（Grand Almoner）"办公室作贡献，这算是做公共服务，而且从来没有薪酬。

但荷兰省的情况完全不同。

那里，大多数贵族都在抵抗西班牙的革命中被完全消灭了，西班牙雇佣兵组成的抢劫团伙以及荷兰爱国人士组成的抢劫团伙烧掉了贵族们的城堡。人们第一次不满情绪的爆发带来了长年的战争，贵族们的儿子也在战争中身亡。幸存下来的几家人随后发现：社会已经商业化了，农业不再重要，略微成功的商人赚一个月的钱，就比所有贵族的庄园、农田一年赚的钱还多。

但贵族们有一样东西是再有钱的大富翁都买不到的，这个既奇怪又微妙东西，我们称它为"传统"。正是因为贵族们拥有这个东西，他们富裕的邻居们才会很愿意将女儿嫁到他们家去。女方带来的嫁妆（没有嫁妆就不娶她们进门）可以给陈旧住宅那漏雨的屋顶再镀一次金，可以让他们坐四轮大马车去参加省级会议（他们都是会议的世袭成员），他们开会时，还有侍从和车夫在门外守候。

统治这个共和体的商人们还算聪明，没有让一堆随行人员围在他们身旁。他们知道，如果走在人群中，身后跟着穿粉色丝绸衣服的管家，还有几个穿猩红色衣服的奴才，这看上去太可笑了。在个人外表方面，他们还是喜欢昏暗的颜色。在外时，他们至少还可以自豪地向别人介绍他们那带有斯巴达朴素风格的尊贵住宅。这些都显示了共和的美德，但这并没能阻止他们私底下对级别和优越的向往。一些外国君主给三级议会成员写信时，省略了成员的全名（他们名字都很长，对这本书及此类短篇而言，重复起来太麻烦），于是他们不幸地发现，寄出的信件还未拆封就被退回了，有的甚至杳无音信。议会还发起了痛苦的社交战争，以决定谁在公共职能上比谁大，谁又应该坐在教堂的哪处。这一点我之前就提到过，那时我讲的是奥兰治王朝（Orange-Nassau），在这个由显赫的贵族组成的联邦体中，内部的等级同样模糊不清。

有时为了解决这个问题，这些表情严肃的公民们会去买那些腐烂的庄园地，然后将这块地的名字加到父母给他们取的平凡的姓名

十九董事会

113

之中。随着时间的推移，稍微机灵的人就会省去这一长串名字的开头部分（平庸的部分），后来缩到只剩个首字母，最后干脆连首字母都省了。如果运气好，像简·简斯曾（Jan Janszoon）这种平庸的名字，可以在一代人的时间内变成另一个能让人联想起亚瑟王和圆桌骑士的名字。

这种癖好（癖好本身无害，而且它的历史与伊甸园里的山一样悠久）遍布社会的众多阶级，当然穷人阶级除外。穷人们是那种人们一耸肩就能忽略的人，还经常被蔑视为"小鱼小虾"。他们实在是没什么地位，不能享受这种爱好，其他的爱好也不行。但国内其他阶级的人都欢快地追逐着徽章的热潮，花大笔钱来向社区证明，他们真的和大家认识的他们不一样。

在开放的十八世纪，法国贵族们买来了各种高级但看上去不自然的奢侈品，有些其实就是垃圾，他们就这样毁掉了整个国家。他们喜欢打扮成农民和牧羊人，然后去给奶牛挤奶。而那些通过葡萄干和鱼干的贸易攒足了财富的荷兰商人，此时则假装自己从未接触过货物单这类东西，也没有为少付赔偿金而讨价还价。他们假装自己的财富是显赫的贵族祖先遗留下来的，而祖先也从未涉足商业。后来，十九董事会的一名聪明的董事想出了一个好点子，利用人们对封建荣耀的渴望为公司大赚了一笔。因为他，才有了后来肥胖的、非凡出众的庄园主。

在现代的荷兰，庄园主就是那些独立的小个体老板，就是身边有一两个助手的木匠师傅，就是身边总会有小男孩帮他提胶水的贴墙纸的师傅。他们都非常自豪，因为只有他们才是自己的"老板"，不为其他任何人工作。但在古代的荷兰，大家使用的是"庄园主"一词最原始的意思，它指的是一个级别较高的要人，这个人要保护依赖于他的人，并要维持这些人的生计。"守护神"一词取的就是这个意思。

新尼德兰也有庄园主，但他们不过是稍加伪装的封建酋长，算是半独立的君主。他可以制定法律，执行公道，还可以强制国民，让他们把玉米拿到他的磨坊来研磨。在庄园主认定的属于他的领土和河口，他拥有所有的狩猎权和捕鱼权。他同样还是庄园的主人，可以随心情任命牧师、开除学校教师。总之，庄园主就是一个小君主，他只需要对自己良心和荷兰共和国政府负责。

为了获得以上令人垂涎的特权，为了得到徽章，证明自己地位上升，庄园主们开始购买西印度公司的股票。如果他们同意自己出资向新大陆输送至少五十名移民，他们就可以获得很大一块土地，这块地沿河部分的边长为十六英里，内地部分更是没有限制，庄园主想要多少就有多少。如果想要同时控制河的两岸，那每一边的沿河部分只能是八英里，而向东西方向的扩展则是没有任何限制的。

这确实是个绝妙的计划。

这个计划如果能顺利实施，新尼德兰就能有一定数量的移民，而且这个数量不会太多，不会让这个地方成为真正意义上的殖民地。如果大量的独立市民涌入这里，他们迟早会忘记自己在这片土地上应尽的责任，开始要求享有所谓的权利。这是公司不愿意看到的事情，好在这个计划能阻止它发生。庄园主不仅会让自己的臣民清楚他们该在什么地方，而且还要保证他们能守住这块地，这也为西印度公司省下了不少保护土地的力气。若不加以保护，这些土地很有可能会落入土著人或英国人的手中。这个计划不好的一面就是会减少皮毛贸易，但是由于庄园主有义务为所有的出口商品向公司缴纳百分之五的税，所以公司的损失不会太大。

但是，这个想法在实践中并没有达到预期效果，按计划来到新尼德兰的移民们的利益与公司利益完全相背。许多有冒险精神的人们借此机会来到新大陆以后，有的成了和理事对着干的庄园主，有的成了与庄园主对着干的理事，双方都心存敌意，谁也不相信谁，有一次甚至还导致省内各级政府都被迫暂停了几个月。这个计划也同其他中世纪的体系一样，有一个致命的缺点：它的成功与否很大程度上取决于个人的品质。如果某庄园主是个诚实正直的人，熟知自己的责任，那一切都会很顺利，他的手下也会过上好日子。但如果情况刚好相反（很多时候都是这种相反的情况），这个庄园主总是不出现，而是雇人管理土地，那住在他土地上的人们一般都非常悲惨。这些可怜的人即使表达了不满，情况也不可能有任何改变，因为能最终主持公道的庄园主远在三千里之外，根本顾不了他们。

最终，公司派了跟自己关系好的人去殖民地，这肯定给新尼德兰未来的历史进程带来了不良的影响。

这一想法刚开始实施，打理公司事务的董事们就急忙抢到了最好的土地。第二好的土地就留给了他们的侄子、叔叔和兄弟姐妹们。

董事们知道这些亲戚对庄园主比较友好，所以任命亲戚们为新大陆的理事也符合他们自己的利益。同时，这也就意味着还有更多的亲戚也被派去了新阿姆斯特丹。偶尔也会出现像彼得·米努伊特这样有独立精神的人，公开表示这种做法不好。一旦有这种人，公司就会立马写信召回，直接炒鱿鱼。

总之，这种"庄园主"体制在新尼德兰州内创造了不少半独立的小州，而事实上这个州自己也是半独立的。西印度公司从创建开始就有组织无序的特点，而这个系统让这种无序直接恶化成了彻底的混乱。

这种严重的利己主义思想其实也有优点，正因为如此，一些小镇的市民才能在西班牙和英国两大强国面前泰然自若，不怕他们来占领地盘。但这种利己主义很快就发展成了纯粹的倔强和固执。这些亲戚们完全派不上用场，大家也试图进行改革，但做出的所有努力都被这些倔强之人破坏了。

庄园主既然来了，肯定就留下了。

荷兰的西印度公司倒闭了一百五十年之后，仍然有一个庄园主存活了下来。

关于这件事，大家可以从有关伦斯勒维基克（Rensselaerswijck）村庄的故事中略知一二。

第十二章 酗酒滋事

基利安·范·伦斯勒可谓是最出名的庄园主。他出生在阿姆斯特丹一个富裕的家庭，家里是做珠宝生意的。虽然家族经商，但他们还是被人们看作是"皇室内部人员"，因为他们住在皇帝运河（Keizersgracht）①一带。拿几年前的话来讲，他们就等同于"住在第五大道的一座大房子里"。

他的土地在奥兰治堡垒附近，他从未去过那里。但是，他有着清晰的、分析能力强的头脑，即使远在天边，打理起生意来也像在小镇里那么轻松。

克罗尔，这个之前的司祷、之前的公司员工，在新尼德兰度过了很长一段时间，他是第一个引起伦斯勒投资兴趣的人。伦斯勒虽然感兴趣，但在商业方面也很谨慎，他坚持要签署正式的契约来证明他的新头衔。而克罗尔则在伦斯勒尚未拥有将要购买的土地之前，作为中间人，帮他从土著人那里买回土地。

这是 1629 年 11 月发生的事。

---

①阿姆斯特丹市中心主要运河之一。

法律和秩序

第二年五月，殖民地伦斯勒维基克接了受洗礼后，第一艘满载着殖民地居民的船从荷兰来到了这里。这群踏入新大陆的人中，有一个来自玛斯兰德（Masterland）的名叫罗劳夫·詹森（Roelof Jansen）的人。他其实是个很不出众的人，但他碰巧是安妮肯·简（Anneken Jans）的第一任丈夫。我们将在以后的某章中谈到这个安妮肯·简，她当初无意间就创造了今天位于下百老汇的三一教堂(Trinity Church)。

再次回到伦斯勒的话题上。伦斯勒维基克的这位公爵从前住在阿姆斯特丹最高贵的大道上，住宅由砖和大理石修建而成。伦斯勒在生活中扮演着多重角色。有时他是梭伦（Solon[①]，雅典立法家），

①梭伦（约公元前630年—前560年），古希腊政治家、改革家、诗人、立法者，古希腊"七贤"之一。

119

为远方的臣民颁布法律，这些法律虽略带家长统治式的色彩，但总体都相当不错。有时他又扮演波洛涅斯（Polonius，莎士比亚悲剧《哈姆雷特》中的人物）的角色，整整齐齐地为孩子们刻下行为准则，指导他们的人生道路。他那一套道德箴言流传至今，让我们清楚地了解了他的为人。他仅用八条戒律就得到了满意的人生，这点在不经意间就证明了他比摩西（Moses）更精炼、更切中要点。以下便是他的八条戒律：

1. 热爱上帝，始终做普通人的好榜样。

2. 吃喝都应适量。

3. 做事全力以赴、有始有终，不伤害任何人。

4. 勤勤恳恳履行每天的职责。

5. 小心行事，特别是在与人接触时，要明辨好坏。

6. 居高位而保持低调。

7. 蒙冤时，要耐心等待真相的到来。

8. 遇到困难时，要相信上帝，且只能信上帝。

这些箴言是为了一个年轻人而写，他刚好需要它们。这个年轻人名叫沃特·范·特维勒，是伦斯勒的侄子，他母亲是伦斯勒的妹妹。如果有良好的导师指导特维勒，他也许能成为比较有能力的大臣，或许还会带着四个助手，去巴尔干半岛（Balkan）的某个小镇处理琐碎的外交任务。然而，他后来当上了新阿姆斯特丹的总督，那里比荷兰要大多了，就此而言，他完全是个失败的例子。

十七、十八世纪时，荷兰共和国在某些方面与中世纪的天主教会很相似。一般情况下，统治阶级最高位的人都很有能力，但他们所做的一切贡献都会被一群无能的兄弟姐妹和侄子侄女抵消。这些亲戚一定要谋个一官半职，但他们却从来没有一点责任感。至于这些"有能力的人"为什么要帮这些昏庸的亲戚们，我们当然也没有答案。但这些悲惨的亲戚只能靠他们而活，他们如果拒绝帮忙，那就只能听姐妹、婶婶、姨妈、姥姥以及奶奶的哭声。所以，他们宁愿帮忙也不愿面对这些爱哭的女人们，虽然有时亲戚实在愚蠢，引发了革命或战争，但那也无所谓。因为一旦某个没饭吃的亲戚被拒绝，觉得自己受蔑视了，那他生气起来绝对会比地狱还恐怖。

沃特昏庸至极。可怜的米努伊特在治理殖民地时既缺人手也缺物资，如果沃特也是像米努伊特那样，那他还可以为自己的失败找一些貌似可信的借口。但他来到新大陆时，身边有一百名士兵，身上还带了足够的现金。这些士兵们听从祖国的命令，受雇建造一个要塞。要塞的地点在凡斯奇河（也叫康涅狄格河）的西岸，这是西印度公司刚刚从当地土著人手里买回来的土地，这片地归入了新尼德兰，用来预防敌人从东边入侵。要塞的名字叫"好望"（Goede Hoop/ Good Hope），现在那里是哈特福德（Hartford）[①]小镇众多保险公司的所在地，这些公司在这个风景优美的小镇进行着极有价值的保险任务。至于沃特带来的钱，都花在了修建曼哈顿岛的兵营、仓库和风车上。有两个风车修建的位置很不好，被要塞挡住了风，因此缺乏必需的动力。

---

① 美国康涅狄格州首府。

完成这些任务后，特维勒开始考虑做点更高级的事，他买下了一个教堂和一处牧师住所，住所分配给了牧师艾维哈都斯·博加都斯（Dominus Everhardus Bogardus）。博加都斯同特维勒一起乘船来到新大陆，但特维勒对他恨之入骨。博加都斯的人品极差，所以这也是理所当然的。

博加都斯在新尼德兰身负重任，但由于自己不称职，最终臭名昭著。他出生于荷兰省的中心，曾经在莱顿大学读书。在校期间，不是他不喜欢学校教授，就是教授讨厌他这个学生。总之，他在学校惹了点儿事，还没拿到毕业证就被开除了。我们不知道之后他又做了些什么，但可以肯定的是，他平日的生活不尽人意，否则他也就不会愿意接受一份不重要的工作，去圭亚那地区的殖民地做司祷。他去圭亚那地区是在公元 1630 年，两年后他回到了阿姆斯特丹，带回了一堆夸奖他的证书，但没有带回多少钱。

回国后，他想去"异教地区"当一名福音牧师，于是申请考试。三百年前，那些去国外给异教徒传播福音的牧师们不如国内的同行了解圣经，因此对他们的审核制度并不严格。博加都斯在这种情况下参加了考试，经过一组评委的评定，他成功入选。

1632 年 7 月 15 日，博加都斯接受了任命。第二年春天他来到纽约，继承了麦克里斯的职位。麦克里斯由于某些正当原因，被西印度公司的董事们召回了。

史蒂文森来到新阿姆斯特丹时是 1647 年，当时他在给雇主的一封信中写到:殖民地的人们"完全疯了"，他们"一点纪律都没有"。

史蒂文森把这混乱的事态归咎于自己前任的无能和已逝牧师——博加都斯——的玩忽职守。

一般情况下，固执鬼彼得在写信时说话都很直率，但这次他却出奇地婉转。新尼德兰与当时以及现在所有的欧洲殖民地一样，总会吸引那些想快速致富的人，他们也知道，国外赚钱比国内容易。但这些有冒险精神的人们总会忽略一个事实：想要在殖民地成功，就得付出在国内三倍的努力；而且一千个人当中只有一个人能成功。于是，殖民地成为了开拓者的社区，那里几乎一个游手好闲的人也没有，这是整个世界的一大奇观。

来到新大陆后，大家发现新阿姆斯特丹的街道并没有金子，而满是泥土；他们还发现，"有付出就有回报"这句话不仅在国内没用，在殖民地也没用。于是，这些失望的流浪汉们变得义愤填膺，想要找个替罪羊对他们的失望负责。看，那儿不是有现成的人选嘛！住在理事居所的人不就是他嘛！有人说："那个无赖要是给了我们发展的机会，也不至于如此！"也有人说："当初去往特拉华的船还有空位时，那个狗娘养的理事、那个肮脏的暴发户就应该想想我们，让我们上船，据说特拉华的土著人全身都是金粉啊！"朋友们，这些都是很陈旧的故事了，但历史总是重现。每天，世界的每一个角落都有期望不劳而获的人，故事就在他们身上重演。

彼得·米努伊特实在是受不了这种恶心的生活，于是辞了职。因为在他秘书的带领下，一群恶心的求富者每天在他面前抱怨自己的悲哀，把他的生活变成了无尽的噩梦。这群"良民"在米努伊特走后，开始等待下一任新官员的到来。其实，这个新官员还未踏上新大陆就已经不招人喜欢了，因为大家都知道，他之前在阿姆斯特丹不过是西印度地区议会的小职员，而他能得到现在的职位完全是靠他富有的叔叔——庄园主伦斯勒。

"纯粹走后门！"有人这样说。

"完全是贪污渎职！"也有人这么说。

他们虽然说法不同，但都一致认为：这个当上理事的年轻人完全是靠家里人的关系（荷兰的"关系"就是我们说的"走后门"），他在任职期间肯定没什么好日子过。

如果沃特·范·特维勒的人品没有那么差，如果他没有浪费太多时间在酒馆喝酒，那他还有可能渡过难关。但这个新来的理事是个十足的酒鬼，他控制不住自己的酒瘾，上班时间也喝酒。早上喝酒，下午喝酒，晚上还喝酒。他醉醺醺地去参观来访的外国军舰；有英国船只在哈德逊河上游与土著人进行交易，这侵犯了公司权利，就在这时他也是醉醺醺的。博加都斯曾经说过，理事在参加礼拜时，很多时候也是醉醺醺的。这一点我绝对相信。

如果这些指责他成天喝酒的人都是他的敌人，那我们还可以将这些话的真实性打个折扣，只信其中的三分之二，毕竟敌人可能对他存有偏见。但在特维勒任职期间，有个名为大卫·彼得曾·德·伊利斯（David Pieterszoon de Yries）的船长来到了新阿姆斯特丹，他想把部分积蓄投资在庄园上，于是前来亲自审查要买的土地。他是个诚实的船长，给我们留下了许多细节信息，向我们讲述了特维勒在公众面前的可耻行为。这么说吧，船长对西印度公司大多数官员的看法，比他对特维勒的看法好不到哪儿去。他回到荷兰时说：新阿姆斯特丹的所有官员"什么都不会做，只知道喝酒设宴。这种人如果在东印度地区根本连个二级助手都当不上，更别说当个理事或财长了"。他还说：西印度公司雇的负责人总是"学不会服从，虽然这是门很难懂的艺术"，公司的这种不良习惯肯定会毁掉整个殖民地。而他的这个预言也确实在他的有生之年实现了。

总的背景就介绍到这里。

下面，好戏就要上演了，或者应该说，闹剧就要上演了。

处于殖民地领导地位的是理事特维勒和牧师博加都斯，两个人都很不受欢迎，在这一点上两人很难分出上下。他们脾气都不好，都喜欢酗酒。他们都是西印度公司的雇员，却很少关心公司的事务，总是不能拉下面子为整个社区做些好事。他们本该相互忍让，成为大家学习的榜样，但他们却勾心斗角、明争暗斗，像某个没有纪律的家庭的猫猫狗狗。

举个例子，如果理事做的某件事不能得到牧师的赞同，牧师就会写信骂理事。他的用词充满了暴力，简直怒不可遏，"即使是异教徒也会羞于使用这些词"。如果他写的信还是不能达到预期效果，让理事做出调整和改善，那他就吵到教堂里去，在讲道台上责骂沃特。他越骂越激烈，再虔诚的基督徒听了也都会想离开教堂这一神圣的地方，否则他们的耳朵就会被牧师那些亵渎神明的话语污染。

两个不称职的官员相互斗争，当然是很不得体的做法。一旦这种两人的斗争发展成了三方的斗争（1634 年就出现了这种情况），那殖民地松垮的基础就会受到震动。如果新英格兰的居民早知道发生了什么，他们就可以不费一兵一卒，趁这个时候占领新阿姆斯特丹。

卷入斗争的第三个人是个名为鲁伯特斯·范·邓克莱金（Lubbertus van Dincklagen）的法学博士，他在殖民地担任财长，也是伦斯勒庄园主的门徒。他来到新尼德兰的目的很明确，就是担任年轻的特维勒的智囊团。基利安·范·伦斯勒相信他是个很忠诚的人，也非常尊敬他，因为"他受过多年教育，看问题很有深度，这点是那些没有受过高等教育的人做不到的"，他一定也是为了自己的侄子好才派他帮助沃特。但是沃特才刚刚离开荷兰，就宁愿听从那群与自己喝酒的人的话，也不愿听财长符合法律的解释。而且当财长和牧师发生冲突时，他以此冲突作为借口，将叔叔给他的得力助手遣回了荷兰，连拖欠的工资也没有支付。

这是他做过的最不明智的事了。要知道，邓克莱金不仅有"高等教育带来的优势"，书面功夫很强，而且还有个超级精明的妻子。他们才刚刚回国，他的妻子就开始大肆宣传。很快，全国人民就都知道了，她可怜的丈夫在那可怕的城市受到了极为糟糕的待遇，居然被迫与可怕的土著人和其他野生动物生活在一起。

于是，这场小镇风波很快就发展成了举国关注的问题，很多人写了一系列的抗议书、小册子和专题报道，寄给了三级议会、阿姆斯特丹宗教法庭和西印度公司的经理们。有些人对殖民地理事和牧师的谴责越来越严重，甚至要求立刻召回这两名官员，要他们解释自己可耻的行为；还有些人就纯属搞笑了。大家听说牧师博加都斯在未经许可的情况下干扰前财长的生活，以至于前财长邓克莱金被迫逃到了曼哈顿岛的荒芜地带。由于缺乏食物，他不得不靠吃"地上的野草"维持了十二天的生活。听到这里，大家都担心，之前过多地关注邓克莱金在莱顿大学受过"高等教育"这件事，这可能对他的心智产生了不良影响，博加都斯在将这个神经质的讨厌鬼赶出圣餐时，可能有充足的理由。所以，这件事最终就不了了之了。这件事其实也没什么重要意义。

阿姆斯特丹的宗教法庭听了许多遥远地方传来的奇怪故事，据说在这些地方，太阳会让健全的北欧人产生奇怪的变化。这些故事称，邓克莱金所抱怨的事情在他们看来"有点露骨"（这种说法虽不太高雅，但很生动形象）。虽然他们尽力安抚邓克莱金的妻子，甚至建议十九董事会支付所欠前财长的工资，但他们还是很小心，没有就他们挚爱的博加都斯的所作所为发表任何意见。他们认为，一切还有待牧师回国后当面调查。

这样的决定，已经是这位坏脾气牧师能得到的最好结局了。与此同时，他娶了一个有钱的寡妇，极大地巩固了自己在新阿姆斯特丹的社会和经济地位。这位女士就是声名远扬的安妮肯·简，她是所有荷兰籍纽约人的曾祖母。

安妮肯·简（荷兰的北方人喜欢给女孩子取两个基督教的名字，通常这两个名字最后就合成一个了）是崔因·乔纳曾（Trijn

Jonaszoon）的女儿，她是新阿姆斯特丹第一个官方的助产婆，因此而著名。年轻时，安妮肯嫁给了罗劳夫·詹森——一个来自马斯德兰村庄的普通农民，之前我们有提到，他是第一批随基利安·范·伦斯勒来到美国、为伦斯勒做事的移民。至于他后来为什么不为伦斯勒服务，而是将一片忠心献给了伦斯勒的侄子，我们就不知道了。总之，在特维勒到达新阿姆斯特丹后不久，罗劳夫就离开了伦斯勒维基克，因为理事送给了他一片土地，就在聚居点之外不远处。特维勒在职期间经常像这样送人土地作为礼物，他喜欢将“农场”送给自己的酒肉朋友。任期结束时，他依然还拥有许多农场，因此可以推断，送礼物这一习惯并没有给他带来特别大的损失。

尽管如此，罗劳夫不久之后还是离开了人世，留下了为他伤心哭泣的妻子。这个遗孀拖着四个小孩，有六十二英亩的肥沃土地，这使得原本平凡的安妮肯成为了很重要的人物。从严格意义上讲，牧师和她在社会地位上有些门不当户不对，但鉴于她有如此多的财产，博加都斯就忽略了这一点。

新阿姆斯特丹的人们倒是很乐于看到他们两个结婚，因为这样他们就可以讲一些关于牧师的下流笑话，借此来打发他们无聊的生活了。在当时的很多荷兰村庄里，牧师住所里发生的事情都被认为是公共事务。所以，除非牧师是个很正直的人，否则他和妻子就永远都是人们各种恶意八卦的主角。

在这一特殊场合，新阿姆斯特丹居民的八卦再次证明了：这个小镇从多方面来看都是典型的荷兰小镇。但是，他们也遭到了博加都斯牧师的强烈反击。在河边工作的女士们（这时新阿姆斯特丹已经发展成为大都市了）也参与到了八卦讨论中，还说了一些关于牧师夫人的尖酸刻薄的坏话，称她和她们这些上帝眼中的罪人们一样，内心其实都是同一类人。博加都斯牧师很生气，命令她们当着地方法官的面接受斥责。后来他接受了她们的公开道歉，并在得到了允许之后下令驱逐了冒犯他最严重的人，此事这才算了结。

从此以后，博加都斯的家里就安宁了。夫妻二人生了四个儿子，加上之前的四个孩子，他们让夫妻二人忙得不可开交。然而，牧师并不精通管理，虽然他是曼哈顿最大的地主之一（他还拥有长岛的一块地，那是西印度公司为支付他的欠薪而赠与他的），但他管理土地的水平实在太低。他不幸去世后，他的遗孀不仅一分钱也没拿到，反而为了躲避新阿姆斯特丹的债主，被迫逃出了老家伦斯勒维基克。

但是，那些所谓的"牧师的农场"却毫发无损地保存了下来，后来经过命运的捉弄，它最终成为了三一教堂的土地。从那时起，这块地就成为了下百老汇最值钱的土地之一，满足了无数的神职人员和律师。博加都斯夫人的后人策划了许多阴谋诡计想要夺回土地，从 1705 年起，那些律师就开始通过官司来打败他们。

我对早期纽约的这些具有地方色彩的生动故事很感兴趣，但我在写这些的时候用到的都是过去时态，就像艾维哈都斯·博加都斯的牧师事业已经走到了尽头一样。

这完全是错误的印象。

牧师的事业不过才刚刚开始。截至当时，他特别憎恨的人依然还是沃特·范·特维勒和鲁伯特斯·范·邓克莱金。但鲁伯特斯已经被赶走了，而沃特这个可怜的小醉汉都不值得牧师的憎恨或谴责。再说了，沃特当理事的日子也不多了。伦斯勒的这个侄子在职的四年，已经充分地证明了他自己是一个彻头彻尾的失败者。公司礼貌性地接受了他的辞呈，及时派了一个名为威廉·凯夫特（Willem Kieft）的人去接任他的职位。凯夫特在 1638 年的春天来到了新尼德兰。

当时，整个殖民地已经毫无信用可言，并且濒临破产的边缘，是时候采取补救措施了。于是，对当地特色非常了解的十九董事会，将他们在美国的土地委托给了一个自己的债务都尚未解决的破产者。这个人的照片，现在依然在他所居住的小镇的绞刑台上展出（这是当时的一种残暴的习俗）。

第十三章 一次幸运的沉船事故

一个新的喜剧又要上演了。

凯夫特并不缺乏原始的美德，而且和前任理事不一样的是，他非常活跃，他来到新大陆时就决心要从之前的破产中恢复过来。之前已经有人适当地提醒过他有关大洋彼岸的那些可耻的事情，所以他做了一个还算不错的决定——在新阿姆斯特丹做一个独裁统治者。如果可以，他希望自己是一个开明的独裁者，但再怎么开明，自己说的话也必须有约束力。这样的独裁者在统治自己领土时要像奥兰治王子统治军营一样，并且无论是否天时、地利、人和，他都应该带领自己的领土走向富裕和辉煌。

但他才刚刚踏上新阿姆斯特丹，就发现当地的牧师抢了自己的风头。牧师做出一副至高无上的君主的样子，仿佛自己才是曼哈顿岛上的非凡暴君。

一山不容二虎，两个人肯定会引起战争。

战争确实发生了，并且带来了所有战争所共有的不幸。

凯夫特在到达新阿姆斯特丹之后，立刻整理了他新土地的清单。

整理完之后，他发现情况并不美好。整个小镇完全没有任何防御措施，要塞的墙壁都被几只奶牛当成放牧的草地了，大多数枪支也已卸下，放在了院子里。教堂的屋顶漏水非常严重，西印度公司的办公室也亟待修理。仅有的三个风车，其中一个已经不能再用了，另一个也被烧毁了。之前那些吃苦耐劳的拓荒者们来到新尼德兰，也是因为美好的故事吸引了他们，让他们以为这里有免费的土地和家园。现在他们也几乎失望至极，主要原因是：西印度公司坚持把整个新尼德兰仅仅作为生产海狸毛皮的地方，而且想尽一切办法打击农业耕作的发展。新尼德兰的每个人都知道这个政策是错误的，但是，哈德逊河两百年冲积出来的土地实在太肥沃，不可能长时间保持无人居住的荒野状态，所以最终它还是会吸引居民前来居住。如果荷兰不允许本国人前去居住，那么来自新英格兰或者加拿大的人

沉船事故

也会去那里（新英格兰也吸引了许多英国和苏格兰的移民），但荷兰人还是去了。其实阿姆斯特丹的十九董事会在这方面看得很清楚：对于每年的海狸毛皮产量他们可以进行较为精确的预测；但是耕作却很花时间，而且收获很大程度上依赖于天气。所以，十九董事会的这些商人们固执地坚持，要将新尼德兰的大部分区域保留起来作为私人的狩猎保护区，这样有利于水獭和海狸在这里繁殖，以便产出更多小崽子拿去做毛皮生意。

三级议会其实是荷兰共和国真正的统治者，他们对所有贸易公司都持有最终决定权。经过了很漫长的过程，并且在重压之下，三级议会才答应做出一些小小的让步，放弃一些他们的垄断特权。但直到他们统治曼哈顿岛的最后一天，他们都坚信自己是绝对正确的，而那些与他们持不同想法的人则全是错的。

当然他们也指出，新阿姆斯特丹虽然经历过几次火灾，遭受了一些理事的折磨，但还是很快从一个小村庄发展成为了正规的城市。但他们忽略了一点，新阿姆斯特丹的成长与荷兰西印度公司没什么关系，而且公司也从未有意识地做过任何事情来刺激它的发展。只不过新阿姆斯特丹很幸运，刚好就处在了后来纽约市的位置，就像另一个君士坦丁堡（Constantinople）。无论管理人员多么糟糕，无论那些本该顾及它利益的人是如何地忽略了它，新阿姆斯特丹注定是要变富有、变强大的。

当然，这个小镇不至于好到能成为另一个巴黎或伦敦，但是比起詹姆斯敦、普利茅斯和最近才修建的波士顿村庄，阿姆斯特丹还是要强一些：西印度公司在那里经营了一个类似旅馆的地方；镇里的酒馆也没有很严格地执行关门时间；礼拜也不再是苦修忏悔的一天；总的来说，外国人在这里很少受歧视。犹太人虽然不能领取公民证书，但至少还可以做生意。虽然总是能听到吵架的嚷嚷声（所有小社区吵架时说的骂人的话），但吵架一般只发生在居民内部。所以，外国人基本上还是想做什么就能做什么。最重要的是，异教徒们在这里拥有的宗教信仰自由比在任何地方的都多。这可能是因为管理层自命清高，不屑管理这些事务，也有可能是他们真的对此毫不关心（后者的可能性较大）。

新尼德兰与十七世纪信仰基督教的地区一样，都有"官方"宗教。新尼德兰的官方宗教其实就是加尔文主义经过略微修改后的版本，他们通俗地称其为"荷兰归正会"。其他的教派，如果只是加尔文这位几内亚神学者所创造的宗教主题的变体，都享有信仰自由的权利。还有一些教派倾向于已逝的马丁·路德的信条，官方不打压也不鼓励。还有一些坏透了的罗马天主教徒，他们盲目地崇拜教皇，当然不可能让这些崇拜伪神的教徒在公司的管辖范围内擅自举行会议。碰巧的是，也有法国的商人来新尼德兰做生意，这些人大多都深受其害，也是罗马天主教徒。但他们的钱跟别人的钱没什么两样，如果仅仅因为他们信错了教就拒绝接受他们的钱财，那就实在太愚蠢了。

总之，当时的情况很微妙。

这个事情又以荷兰人最有用的方式解决了，也就是说，这件事根本就没解决。但天主教徒不需要因为怕被骚扰，所以就躲开世界上所有荷兰西印度公司统治的地方。只要他们不坚持要在公众场合做弥撒，不故意露出他们的十字架或圣牌（新教徒就经常露出十字架或圣牌，明显就是想让自己的敌人看着不舒服），他们还是可以过来做纱线生意，或是悄悄去某人家里做弥撒。没人会找他们麻烦，让他们拿出护照来检查。

这种包容的态度在荷兰的定居点风行，新英格兰的人也知道了。这时，清教徒的始祖们开始将古老的马萨索伊特（Massasoit）[1]王国变为一个现代的基督教圣地，许多可怜的人们不能再谈论恩迪科特(Endicott)[2]和温斯洛普（Winthrop）[3]了，于是他们来到了西印度公司的领土。在那里，他们都心照不宣，不会因为自己的想法给别人造成麻烦。

贵格会[4]信徒（Quakers，后面会详细谈到他们）却是个例外。最初的前十年，贵格会还是一个独立教派，信徒们都很好辩，总是拽着别人讨论有关他们信仰的话题。这种强留别人长谈的行为从来都不受欢迎，两百多年前苏格拉底的命运就已经证明了这一点。

但总的来说，只要懂得适可而止，基本上不会被骚扰，于是，越来越多从马萨诸塞州逃跑的宗教难民来到长岛北部和康涅狄格河西岸。即使他们已经成功逃离，但他们之前的邻居们还是不放过他们，跟着追了过来。这些邻居们有时也能如愿以偿，比如1643年，

①马萨索伊特（1580—1661），北美瓦帕诺亚格印第安人的酋长。
②约翰·恩迪克特（1589—1665），1628年至1630年间任英属北美马萨诸塞州殖民地首任总督，狂热清教徒。
③约翰·温斯洛普（1588—1649），继恩迪克特之后任殖民地总督，主持开发波士顿。
④亦称公谊会或教友派，十七世纪创立于英国的一个基督教新教派别，创始人为乔治·福克斯。

可怜的安妮·哈钦森（Anne Hutchinson）就被一群土著抢劫犯杀掉了。新英格兰的教堂庄严地纪念了这次不幸事件，但他们也同时认为这是一件令人开心的事，因为这说明上帝在殖民地的宗教问题上站在了他们那边。西印度公司的负责人并没有因此而改变他们历史悠久的政策，但还是派了一队士兵去追踪杀人犯。在一百英里半径的范围内竟然聚集了如此多不同宗教信仰的教徒，确实很令人好奇，而西印度公司对这些人依然很热情。

要是公司这些负责人在处理公共问题时也有如此的智慧和常识，那该多好啊！但他们一旦要处理一些真正涉及到"公共"利益的问题，就会接二连三地犯错。其实这不是他们的错，因为他们接受教育的国家就非常信奉"不公平"这一理念。当他们某一天突然自力更生了，也不需要为任何人的行为负责了，就很容易就变成了庸俗的暴君。星期一他们特别苛刻；星期二又非常宽容；而剩下的五天，他们就用来弥补在那前四十八小时内做的错事。

就拿他们对土著人的政策来说吧！

清教徒来到美国寻找新的家园，他们不需要土著人，只需要土著人的土地，无论之前的主人允不允许，他们想要哪块地就占领哪块地。所以，土著人只能选择离开，或者留下来饿死，但这两种结果对白人来说都无所谓。偶尔也会有土著人将这些侵略者推入海里，这种情况一旦发生，马萨诸塞州的人们就会群起而攻之。于是，这些北美土著人有的被杀了，有的被逼到了伯克希尔（Berkshires）[①]

---
① 也可称作伯克夏，地区名，位于马萨诸塞州最西部，现为县级行政区。

之外的偏远地方。这种政策既不仁慈，也不具有基督教的博爱性质，但总归也是个政策。通过这种政策土著人了解到："如果我们做这件事，就会被绞死；如果我们做那件事，就会得到一瓶朗姆酒。"

然而新尼德兰所有的事情都是由个人的意愿决定的，所以土著人永远也搞不清楚，自己做了某件事情之后到底是会被绞死，还是会得到一桶烈酒。他们只能自己猜测了，但这很不利于培养土著人的纪律感。

沃特·范·特维勒对土著人非常友好。在他任职期间，土著人可以自由地在要塞中活动，他们还可以在酒馆里参加白人的派对，而白人则把他们当作是自己多年未见的兄弟。从旧的尼德兰公司建立的时候开始，就有法律明令禁止人们向土著人出售枪支。但是，这条法律就像基利安·范·伦斯勒很出名的一条法令一样，执行起来非常困难。那时，基利安所管辖的村庄很受人尊敬，他明令禁止村里的居民和来访新大陆的勇士们的妻子和女儿发生关系。当然，这条法令也没有施行。同样的，许多土著人也都拥有枪支。有了这些危险的战争武器后，这些人就成为了部落里的活跃分子。住在离小镇很远地方的一些荷兰农民靠关系才生存了下来，在他们看来，这些土著人是最不应该持有枪支的人。

如果整个新尼德兰只听从一个人的领导，那这种私下的交易或许可以被制止。但殖民地有好几个独立的社区，这就不太可能严格控制枪支贩卖了。某些社区的居民收到从新阿姆斯特丹寄来的法令，可能不屑一顾，直接就用来点烟了。伦斯勒管辖区的农民们一直在进行大规模的枪支走私，他们因此臭名昭著。不久后，加拿大和新英格兰居民开始对庄园主伦斯勒抱怨他这些臣民的所作所为，并要求他对此采取措施，否则大家都要被这些摩霍克族①人（Mohawk）杀死了。整个事件就是个悲剧，但这个悲剧上演了很长时间，所以大家也不知道应该怎么处理。就在这时，凯夫特出现了。

凯夫特是个言出必行的人，他就是要给这些人一点颜色看看。他叫来了自己的秘书，秘书又去找印刷工印刷了材料。就在那天晚上，新阿姆斯特丹的居民们都收到了传单，上面写着：严禁再向土著人出售武器，否则就要接受严厉的惩罚。这个法令立刻在新阿姆斯特丹周围的地区施行，住在哈德逊河下游的温和的土著人又只能使用古老的弓箭了。

但法令没有渗透到伦斯勒维基克北部，于是当地人很自豪自己没有受法令的影响，他们继续向挚爱的摩霍克族人出售火绳枪。这样做的结果是什么呢？可怜的阿尔冈昆人（Algonquins）②被凯夫特剥夺了出售武器的权利，他们与现代的令人尊敬的纽约人一样，再也不能购买左轮手枪了。可是那些靠抢劫他们维生的强盗们却可以在附近的泽西（Jersey）随心所欲地买到手枪。阿尔冈昆人当然对此不满意，他们找到理事说出了自己的不满。

"你们说得很对，"言出必行的凯夫特说，"但我不能毁掉自己定下的法律啊，禁止向土著人出售枪支的条例已经写入法令全书了。

①北美土著民族，最早居住在莫霍克河沿岸和哈德逊山谷北部。
②也称阿尔衮琴人，北美印第安人的一支。

但我保证，一定会保护你们免遭莫霍克敌人的伤害。我会派出士兵来保护你们，但是你们也要有所表示。我可以保证把士兵都派到，但是作为回报，想得到这项服务的人就要向我上贡玉米。"

这就表明，凯夫特一点儿都不了解当地人的心理。他忘了，这些土著人不是来寻求保护的，他们要的是公平竞争：要么就允许他们买枪，要么也阻止他们的敌人买枪。

"不行，"凯夫特说，"就算天塌下来了，我的法令也不能撤回。你们要是不给我上贡，我就只能任凭摩霍克族人欺负你们了。"

然而此时，理事和牧师之间的争吵愈演愈烈，所以他们也没时间关心这件事。所以，全副武装的摩霍克族人对毫无抵抗能力的阿尔冈昆人的杀戮依旧进行着。

双方之间的争吵最终还是为了各自的利益而得到了解决。但凯夫特还是很歧视土著人，这是白人的一个共性。他觉得这些土著人比草原上的动物好不到哪里去，如果可以自由地采取行动，他肯定会像周围的清教徒那样毫不留情地将他们全部杀掉。但他需要这些土著人，因为他们为公司创造了主要的收入。他们捕猎动物，为代理商们提供了水獭、海狸和熊的毛皮。

不巧的是，凯夫特最亲密的顾问兼秘书——康奈利·范·填荷文（Cornelis van Tienhoveu）——公开承认自己是"土著人就该死"这一学派的追随者，他逐渐点燃了无耻的凯夫特的雄心。于是，凯夫特也放任自己，出台了一个对付土著人的政策，这个政策肯定会带来这样一个结果——引起所有土著人的大起义（不管之前土著人的部落之间是否有冲突），由此给皮毛贸易带来严重的损失。新尼德兰的所有荷兰人都不赞成他这种缺乏远见的做法。弗里登戴尔（Vredendael）著名的乔纳斯·拉·蒙塔涅（Johannes la Montagne）算得上殖民地的元老级人物，他总是支持温和的政策。他有一个得力助手，也是我们的老朋友——德弗里斯（de Vries）船长，这位船长堪称是新尼德兰的约翰·史密斯。作为职业水手，德弗里斯接触过世界各地的人。现在他在自己的农场定居了下来，农场名为“弗里森戴尔”【Vriesendael，这片农场在庄园主明德特·范·尼德霍斯特（Mijndert van Nederhorst）的地盘附近，离曼哈顿岛北部约几小时的路程】。他希望土著人能够得到公平的待遇，还向凯夫特保证，这些土著人其实是很友好的、能提供帮助的邻居，如果英国或法国挑起战争，他们还可以成为荷兰强有力的盟军。

在新阿姆斯特丹，还是有很多人支持和平的政策。这些居民对理事的诚信深表怀疑，认为理事之所以想要发起对土著人的攻击，是因为他想转移人们注意力，这样就不会有人来检查公款都花到哪里去了。但反战的团体还来不及做出有影响力的事情，又一个不幸事件发生了。在一个两种文明密切融合的地方，这类事件经常发生，而且这不是某个人的错，所有人都有责任。

米努伊特担任理事时，某一天，有几个荷兰的无赖穿过一片树林，这片树林就位于现在的图姆斯监狱（Tombs）[①]。他们和一个本无恶意的土著人为了一个小玩笑吵了起来，最后将他杀害。当时这

---

①也称塔姆斯监狱，位于美国伊利诺斯州，是该州唯一的一座超级监狱。

个土著人身边还有自己的侄子，但这个孩子逃跑了。现在，这个男孩长大成人了，按照土著人的伦理观，他应该暗杀一个荷兰人来为死去的叔叔报仇。他选择杀害的这个人是一个居住在小农场的单身铁匠。这个铁匠其实跟当初杀害男孩叔叔的人没有任何关系，但就是因为他是荷兰人，所以被杀了。在"有良心"的土著人眼里，所有荷兰人都一样坏。土著人相信一报还一报，在他被杀后，他们认为这事儿就了结了，相当于以牙还牙，以眼还眼——死了一个土著人，又死了一个荷兰人，这事儿算扯平了。

但白人看事情的方式不是这样的。如果一群阿拉伯土匪杀了一个去那里旅行的白人，起码有十几个阿拉伯村庄会遭殃，白人会一直屠杀村子里的居民，直到他们觉得已经报了仇为止。如果中国士兵将一个传教士扔进了河里，铁甲舰队就会立刻来到黄海惩罚整个省的人，杀掉好几百个孔夫子的追随者，直到白人觉得他们的上帝已经不再愤怒了才会停手。

威廉·凯夫特和他的密友填荷文同样也有这种冲动，想要立刻出征去惩罚这些土著人，以达到杀鸡儆猴的效果。但是，他们没有足够的资金。在这种情况下，理事做了一件事，这是他的前人从未做过的事：他公开承认新阿姆斯特丹市民的合法身份。1641年秋天，他召集了一些居住在要塞附近的家族的首领，开会讨论与土著人的战争以及理事应该采取什么样的措施。这些"家族首领"立刻选出了一个由十二个人组成的"十二委员会"，来帮助理事处理这些棘手问题。这十二个委员一致认为，应该采取措施来惩罚杀死了无辜铁匠的年轻土著人。但在这件事定下来之后，大家就改变了商议的方向，开始讨论一些他们都感兴趣的问题，而理事的日程并没有安排这些讨论。

这是新阿姆斯特丹的市民第一次有机会表达自己的观点。他们问："为什么理事只有在面临危险或不知所措的时候才会咨询我们？这不是明摆着就是为他自己的失败找替罪羊吗？"接着他们又问："那些长期居住在殖民地的人熟知殖民地的事物，理事为什么不从他们当中挑选顾问呢？为什么他选出来的这个参谋团的成员全都是西印度公司的低层官员呢？这些人来美国不过是想赚钱而已啊！"

理事没有回答这些问题，他感谢十二委员会对与土著人之间的战争的关心，但就他们提出的这类问题，他答应会在"适当"的时间予以考虑。同时，他解散了委员会，因为如此独立的参谋团会带来很大的伤害，它不仅会危害到整个国家，还会威胁到理事自身的权威以及他所代表的西印度公司。

战争果然发生了（凯夫特一拿到钱，有关和平的意见就一概不听了），这次战争是白人西进过程中所发生的若干丑闻当中最可耻的一次。战争断断续续持续了几个月，在这期间，弗里斯船长一直都在试图说服理事光荣地解决这件事。接着，摩霍克族人抢劫的时间又到了，这时他们会去偷袭那些住在哈德逊河南部的弱小部落。

这次摩霍克族人的侵略比以前更激烈。很快，一大群受惊的土著人集体涌向了新阿姆斯特丹，并大声呼救。虽然当时是二月中旬，但弗里斯船长还是冒着严寒乘木舟来到下游，亲自向凯夫特提出建议。他建议理事抓住这次幸运的机会，让土著人相信他们的诚意，并将他们保护起来。弗里斯认为，这样慷慨地对待土著人就可以避免将来的一切冲突。

但凯夫特却不这么认为。他叫来了秘书，秘书又召集了三名之前十二委员会的委员，这三位委员对土著人还比较友好。他们五个人一起吃了顿饭，之后，填荷文递给凯夫特一份书面文件。这份文件是填荷文假装从三位委员那里得到的，文件要他们对那些寻求庇护的土著人实行强硬的措施。后来经证明文件确实是伪造的，十二委员会早就不存在了，所以根本不可能批准任何文件，但这张悲剧的文件还是完成了自己的使命。当晚，荷兰戍守部队穿过了哈德逊河，干脆痛快地杀掉了聚集在帕翁尼亚（Pavonia）村庄的土著人。这些土著人本来还期望能受到他们的保护，不被对岸的敌人迫害。戍守部队一个活口也没留下，而且在杀戮的过程中，严格遵守了"妇女、儿童优先"的原则。

几周后，长岛的白人也跟随了理事的步伐，自己组织了一场大屠杀。

于是，在月底之前，一共有十一个部落奋起反抗。他们烧掉了许多荷兰人的房子，远方空地上升起的那一缕缕烟，就说明那里曾经还有人家和稀稀落落的田地，现在都被烧毁了。

凯夫特此时绝望了，他让弗里斯作为中间人与土著人协商和平事宜。土著人虽然相信他们的朋友弗里斯，但却拒绝和解。

于是凯夫特变得跟其他懦夫一样，斋戒、祈祷了几天，请求上帝来帮他，这无疑给牧师博加都斯带来了许多额外的工作量（此时牧师已声名狼藉，早晨做祷告时总是喝得醉醺醺，每次举行圣餐都会醉得端不稳杯子，洒出圣酒，因此人们总是谴责他）。这次，似乎上帝也不想插手了。

凯夫特别无选择，只能求助于殖民地的人民。这些恼怒的居民正想把理事赶上船，送回荷兰，此时凯夫特要求他们任命八个人组成咨询委员会。这个小镇的大都市性质在这个咨询委员会上表现得淋漓尽致，选出来的这八个人分别来自四个不同的地方：荷兰、弗兰德、英国和法国。这已经是第二个咨询委员会了，与1641年的第一个相比它更强硬一些。这个委员会不仅反对了理事好几次，而且还给他好好上了几课，教他学会最基本的、也是老生常谈的课题：政府要听纳税人的话。但凯夫特极为固执，根本无心听从任何人的意见，再说最危险的时期已经过去了，没有必要再学习这些。白人的大炮已经证明了他们的实力，就快决出胜负了。土著人在这场装备不平等的战争中逐渐精疲力竭，于是理事又摆脱了近来的紧张情绪，再次犯上了"耶和华综合症"（Jehovah complex，这是一种自我膨胀的表现，觉得自己很伟大，有这种情绪的人成长过程中一般都读过古代的希伯来书）。他这次犯病，没有再去找土著人的麻烦，而是继续了之前和牧师的争吵。

牧师博加都斯此时已经老了许多，但却一点儿都没变聪明，反而越来越没有耐心，脾气也越来越坏，布道时说的话完全就是一阵谩骂。理事提醒过牧师几次让他说话收敛些，但没有任何效果。他也有写信给牧师提出过同样的问题，但牧师每次都用很肮脏的话回信。最后理事威胁牧师，如果牧师再不注意自己言辞，不为说的脏话道歉，他就会闹到法庭去。

对威廉·凯夫特来说，博加都斯没什么用处，所以他经常谴责牧师的不良行为以及酗酒的坏习惯，语气十分强烈。就这一不幸的事情我们已经有了很多的证据，所以毫无疑问，牧师确实是越来越不称职了。他的酗酒习惯和肮脏的话语很快就闹到了法庭，他若在此之前就有自知之明，辞职走人，或许结局能好一些。但艾维哈都斯实在太固执了，他继续喝酒、骂人，不允许殖民地的任何人质疑他的不良行为，而事实情况是，此时他早已毫无用处了。

理事和他的朋友担心这件丑闻最后会越闹越大（小事倒无所谓），于是建议组成陪审团，让他们来解决牧师和当局的矛盾。陪审团中有两名普通市民，他们分别是弗朗西斯·道蒂（Francis Doughty）和有名的乔纳斯·美嘉伯伦斯（Johannes Megapolensis）。前者来自英国，后者来自伦斯勒维基克。乔纳斯原名为格罗斯塔特（Grosstaat/Grootestad），最初信奉罗马天主教，后来转信了新教，引起了基利安·范·伦斯勒的注意，于是很快就成为了新尼德兰最出名的牧师。

这一次博加都斯还是不肯配合，但他此时已经冒犯了太多人，一个朋友都没有了。在这种情况下，为了挽回面子，他只能做一件事。于是他宣布，他会听从阿姆斯特丹宗教法庭的决定，毕竟是他们将他派到新大陆的。这时，十九董事会刚刚失去了自己在巴西的领土，非常绝望。他们预感北美那边可能也会重蹈覆辙，所以决定在殖民地管理方面进行一次彻底的、巨大的变革，于是他们写信给威廉·凯夫特召回了博加都斯。

1647年秋天，前理事和牧师登上了同一艘船——"公主号"，准备回到荷兰，将两人争吵的事情移交给公司董事会以及阿姆斯特丹宗教法庭的"土著人事务代表"处理。

当年的9月27日，船长在英国海岸附近走错了路线，不幸触礁，船上的八十一位乘客全部溺水身亡，其中包括威廉·凯夫特和艾维哈都斯·博加都斯。至于船上的货物，只有几捆海狸毛皮被冲到了海岸边，被旁边渔村里的土著人偷走，以一角钱的价格处理了（这件事是十九董事会的一个成员在给朋友写信时提到的），其实那些毛皮一件至少值四五美元。

西印度公司董事会又找了个理事，此人正是受人尊敬的彼得·史蒂文森。他们给新理事写的信非常详尽，其中就提到了这些有趣的事情。这些事情肯定也引起了史蒂文森极大的兴趣，他可能还会想（我们许多人也会这么想），如果多年之前"公主号"就驶入了错误的海峡且只能听天由命，岂不是更好。当然，前提是博加都斯和凯夫特还是在那艘船上。

第十四章 没有扳手的时钟

十七世纪中叶，荷兰共和国政府就像一座逐渐慢下来的时钟，每个人都焦急地看着，却不知道该怎么办，因为用来上发条的扳手已经遗失，或者是不知被谁偷去了。荷兰这座宏伟的老钟是一件精美的、出自政治"钟表匠"之手的艺术品，就这么坏掉简直太可惜了。

在反抗西班牙的年月里，这座钟还是在大家的热心关注下度过了这段悲惨的时间。突然，奋起反抗西班牙的省份出其意料地成功了，于是每个人都开始忙自己的事，几乎没人再关注祖上留下的这座笨重的钟。在许多孩子的记忆里，那座钟每天都在走，每个小时都会响一次，那几只小小的指针也明亮如初，每天向人们展示着表盘上的月亮和星星都做了什么。表盘下面是一幅画，画中的小船每天在大海里沉沉浮浮，完全沉浸在欢快当中，这种画面已经存在一个多世纪了。偶尔会有聪明的年轻人路过，发表意见说："是时候给这座老钟上一下发条了，也该清洗清洗了。"但其他人的脑子里全是计划和数字，根本听不进去。就算有人听进去了，也只是做个鬼脸，心不在焉地回答："嗯。"然后就赶忙奔向交易所，生怕迟到了被罚款。

没有扳手的时钟

当然也会有聪明的人，他们记得钟是什么时候造的，还知道在这美丽的红木后面有多少罪恶的齿轮。这些齿轮并不合适这座钟，但暂时找不到其他值得信赖的材料做成的齿轮，现成的就只有这些。主发条也是从一个中世纪笨拙的装置上撤下来的，这个装置是人们在阁楼的某个阴暗的角落找到的。但这些聪明人也不会随意将这些事情说出去，因为他们依然记得之前就有人建议大整修，这些人的下场都很惨。而且他们也不清楚是否有人知道钟的扳手去哪里了。所以他们把这些疑问藏在心里，就这么等着。在等待的这段时间，说不定就有人能找到一个旧的扳手；说不定时钟所在的房子都被烧毁了，也就不用找扳手了；说不定有人给这家人送了一座新钟；也说不定这座老钟超出大家预料，还能再走几个世纪。不管怎么说，这座钟还是可以熬过他们的有生之年的，所以没必要杞人忧天。

事实上，这座钟一直熬到了 1795 年。但从十七世纪中叶开始，这座钟就越来越慢，一开始只是慢几分钟，后来变成慢几个小时。法国革命的士兵来到这里直接把它烧了，那时它已经晚了至少五十年了，但尼德兰的人们都没有意识到。荷兰所有的人都根据这座官方的钟来调整自己的手表，所以不可能发现时间上的差别。他们本来应该从这次灾难中得到教训的，但许多诚实的市民还是拒绝相信他们错了。直到走进坟墓的时候，他们都坚信：是世界上其他人弄错了时间，自己是正确的。

从实际政治方面再来审视上面的比喻就会发现，荷兰共和国其实是一个半独立的联邦，由七个小的主权国家组成。这七个独立的主权国家联合在一起并不是因为他们相亲相爱，相反，他们恨透了彼此。他们联合在一起，可以用富兰克林的原则来解释："如果不团结在一起，就会分开被绞死。"

但他们还是相互猜忌，所以很难选出一个总领导人。总领导人应该是个权力很大的官员，由于身份特殊，他应该尽量不参与七个省之间的争吵。

这个国家在实际的发展历程中一直都没能走上这条系统化的无政府道路。

一个管理得当的国家应该像一艘船或一个宇宙。

也就是说，都是一个人说了算。

七省联合起来去攻打西班牙时，肯定不能以七个将军率领七个军队的形式进军。他们需要一个总指挥，而这一官职，他们总是会任命奥兰治王朝的成员。

奥兰治王朝怎么会在尼德兰呢？这说来话长。最初，七省共和国都是典型的中世纪小国，他们有各自的地盘、各自的主教以及各自的贵族。封建制度完结时（大概在十六世纪后半叶），有许多王朝旗下的控股公司为了欧洲肥沃的地盘而相互竞争，正如现在的银行家和信托公司总是为了煤矿、铁矿、油田或是其他值钱的东西而相互竞争一样。当时这七个省就被其中的一个大型的控股公司合并了。

现代的银行家若是买到了一片土地，他不会在遥远的纽约或芝加哥来管理这片土地，而是会委托一个当地的董事来进行管理，也就是要在这片土地上找一个人，这个代理人应该熟悉工厂的一切事务，比如有关矿业的事务。代理人如果很成功，他就会有很大程度的个人自由，可以放手经营。

同样，马德里的哈布斯堡家族（Habsburgs）①也没有亲自去管理远在欧洲另一边的这些小国，对于每块新获得的土地，他们都会指派一名代表（一般都是出名的贵族人士）担任总督一职，当地从前的封建君主所拥有的荣华富贵及各种特权总督都能享有。低地国家称这种人为省长（Stadholder），有时，省长充当的是伯爵；在另一些地方，他们也可能充当主教或公爵。但无论他们充当什么角色，从接受任命的那一刻起他们就只为一个人做事，那就是统治所有欧洲国家的至高无上的国王。

当时这个国王就是皇帝查理五世（Charles V）②，他在占领土地方面在当时甚至所有时代都是最成功的。碰巧他有一位深得自己信任的大臣——拿骚王朝的德意志公爵，名叫威廉（William）。这个威廉有个名叫勒内·沙隆拿骚（René of Châlons-Nassau）的表兄弟，他这个表兄弟又有个名为菲利贝尔·奥兰治沙隆（Philibert of Orange-Châlons）的叔叔。这个叔叔恰好为查理五世做事，还跟他是很亲近的朋友。查理五世为了表示自己对菲利贝尔的尊敬，将尼德兰的一些土地赠送给了他。

1544年，勒内作为奥兰治王朝的勋爵，在攻打圣迪迪耶（St. Didier）时不幸身亡。他死后将所有的土地都留给了聪明的堂弟威廉，

---

①亦称奥地利家族，德意志封建统治家族，统治时期一直从1282年延续到第一次世界大战结束，是欧洲统治地域最广、时间最长的家族。
②神圣罗马帝国皇帝查理五世（1500—1558），哈布斯堡王朝的西班牙国王腓力一世和疯女胡安娜之子。

威廉的名字从此便改为了威廉·奥兰治拿骚。不过，威廉及他的后人其实从未拜访过奥兰治这个临近罗纳河（Rhone）①的小省。虽然这片土地十七世纪时被路易十四（Louis XIV）占领，纳入到法国的领土中，但它在名义上依然属于拿骚王朝。所以才有了将国王詹姆士二世（King James II）②赶下台的奥兰治亲王③，他非常出名，也为美国人所熟知。所以，后来世界上才出现了许多名为奥兰治的要塞、河流和小镇，以及奥兰治色——也就是橙色——的旗帜。不过这些都只是生动的细节，我们还是回到威廉的话题上。

查理五世身上的西班牙气质和奥地利气质很少，他其实是个佛兰芒人（Fleming）④。他当初离开低地国家来到西班牙，让他最喜欢的大臣威廉⑤当上了尼德兰北部好几个省的省长。后来，这些省的人们奋起反抗西班牙国王菲利普——也就是查理国王的儿子。这时威廉（虽然他在接受奥兰治王朝赐予的土地时皈依了罗马天主教）却站在了革命派这一边，他这样做，一方面的原因是自己的本能，另一方面的原因则是他在社会中的显赫地位（1572年时，社会地位还是很重要的）。

经历许多变迁和衰败后，大多数反抗的省份不是被西班牙再次征服，就是自己主动投降了。其中的七个省（位于荷兰的北部）比其他省更有献身精神，为了新的宗教信仰而继续冒险奋斗。在这样危急的情况下，七个省都认为其实也可以采取一些合作措施，于是他们组成

①又称隆河，欧洲主要河流，流经瑞士和法国，法国五大河流之首。
②詹姆士二世（1633—1701），最后一位天主教的英国国王，在光荣革命中被剥夺王位。
③英格兰的威廉三世（1650—1702），1689年与玛丽二世共同加冕为英国国王。
④也叫弗拉芒人，比利时两大族群之一，主要居住在比利时北部的弗兰德地区。
⑤指奥兰治亲王威廉一世，即沉默者威廉。

了防御联盟,在政治信仰方面达成了共识。于是,新国家的宪法产生了。

不幸的是,这个宪法产生的背景是各省之间互相的猜忌和偏见,所以并没能决出整个新共和国的领导人。此时威廉已经成为了七省军队的总司令,于是人们也希望他可以担任整个共和国的总统,这样对荷兰在新大陆的殖民地也有好处。

大家不用假设如果威廉真的上任了会怎样,因为他不久就被菲利普国王的枪手杀害了,所以整个计划就落空了。他的儿子莫里斯王子继承了他的地位,但莫里斯这位显赫的战略家待在军营里的时间实在太多了,都没有机会好好巩固与自己的政治追随者之间的关系。所以威廉死后,一切又回到了以前混乱的情形。

后来,莫里斯的弟弟弗雷德里克·亨德里克(Frederik Hendrik)继承了他的地位,当时西班牙已经不再攻打这片区域了(应该说是永远不会再来了,这多亏了前两位奥兰治王朝成员的有力帮助)。于是七省又开始互相猜忌,愤怒至极,所以宪法也没有修改,而后荷兰共和国在灭亡前一直都是"官方承认的无政府状态,中间偶尔会有独裁的情况"。

荷兰共和国一直没有找到统一的领袖,可能是因为自己能力不足,也可能是因为智慧不足。所以总是有些有权势或肆无忌惮的人前来声称自己是这片地区的最高统治者,而人们也只能被迫接受。就这样,最高统治者换了一个又一个,所以"独裁"这种情况从来没有出现过,所有事情都可以勉强称其合法。但整个世界都知道,荷兰省的常见税收占到了整个共和国的一半,必然能够统治其他的六个省份。而一旦某个人、某个政派能控制荷兰各个小镇的政治机构,那他就能控制整个共和国。在这种情况下,逐渐产生了"两党制",这也是理所当然的。这就是关于吉伯林派(Ghibellines)①和归尔甫派(Guelph)②的老故事,关于生活在极度中央集权政府下的人民和信徒的故事,也是一个有关共和党与民主党的故事。

有的人声称,省长既然接替了之前的封建酋长,就应该被赋予最高权力。

也有人坚持说,统治所有城市和省委员会的那些富商们才是国家建立的元老,所以应该把整个国家交给他们。他们这样想,是因为他们认为这些商人才代表了广大人民的利益,这个理由还真是奇怪。两种理论都有自己的支撑点,也有攻击对方的武器。而事实上,事情顺其自然地就有了结果,而且两种理论都没有派上用场:最强的人、最强的党派夺走了所有的权利,想怎么统治就怎么统治。总的来说,如果国家面临外敌入侵的危机,总会有某个奥兰治拿骚王朝的公爵出面充当国家的元首;如果处于长期的和平之中,商人成为元首的机会就更大一些。政府的更替有时不费吹灰之力,有时又会伴随着一两次刺杀。但世界就是这样,就算某个荷兰暴徒偶然失控杀死了自己的恩人,这也不是什么值得一提的事。有权有势的人终归是有权有势,心胸狭窄的人也终归是心胸狭窄,两种人是永远都不能互相理解。

---

①十二至十五世纪意大利政治派别,成员多是大封建主,他们支持神圣罗马帝国皇帝,力图保持封建特权。
②十二至十五世纪意大利的党派,该派反对神圣罗马帝国皇帝,与吉伯林派相敌对。

来自家乡的消息

但我要说的是，请大家不要问我："如果这种混乱的情况可以在国家高层持续几个世纪，那各省的情况又会怎样呢？在那些能够决定这个'国家'命运的城市，他们的情况又会怎样？"各地都是同样复杂的情况，权力分布完全跟中世纪时一样，政治体系内部绝大多数时间都在想要怎样保持平衡，根本无法正常运作。剩下的问题就是：如果这一切都是真的，那荷兰共和国怎么会在将近两个世纪的时间里，一直都是欧洲大陆上最成功的国家之一呢？

为了回答这个问题，我需要拿我们的国家做例子。有一些欧洲人深究过我们的联邦权和州权的组成，他们研究我们的政治党派，觉得它们是很笨拙的组织，还有人认为我们大部分人的利益都交给了自私自利的机构。这些人都会问："这是怎么回事呢？美国居然没有破产？为什么当初没有像拿破仑那么出色的人站出来，把美国也变成一个帝国主义国家呢？"

对呀，为什么呢？

首先是因为我们国家非常富裕，犯得起错误，而其他不如我们富裕的国家只要一犯错，可能就毁灭了。

再次是因为大家都或多或少地了解这个体系，大体上还是能接受它。

第三是因为在我们政府的重要岗位上总是有一些有能力的人，他们能保证国家的一切运作顺利。

当然，如果有特大危险降临，我们也不知道国家会怎么样（一战对于我们而言根本不涉及生死问题）。但既然还未出现这种特大危险，我们还是能凑合向前的。而且我们很幸运，有一群聪敏的人民，他们可以找到社会结构不合理的地方，并且对此进行必要的修改。而荷兰共和国在这方面就没有我们幸运了。

在荷兰，人们不可能批评现有的秩序。很明显，统治阶级（无论是商人组成的统治阶级还是奥兰治王朝的某党派组成的统治阶级）为了自身利益，绝不会允许别人提出意见，这等于是自掘坟墓。整个共和国其实属于那两千五百户有钱有势的人家，而其他不属于此范围的"普通市民"都非常敬畏那些贵族人士，在他们面前根本说不出话来。如果偶尔发出一些声音，立刻就会被地方法官和牧师镇压。有时他们的亲戚听到了这些话也会惊恐万分，立刻要他们闭嘴。

这里要说到最后一个问题：荷兰本国当时都如此混乱，那新大陆的殖民地又能好到哪里去呢？殖民地政治和经济的"钟"也已经脱齿了，虽然可以用扳手把它修好，让它焕然如新，但扳手也已经遗失多年了，也没有人知道哪里能买到新的。

新理事彼得·史蒂文森也粗略地感觉到，公司托他照料的这座钟有些不对劲，于是他做出了一个举动，这个举动是那些对械装置（比如汽车和手表）了解不深的人会做的事：他摇了摇这座钟。

他狠狠地摇了摇这座钟。

钟没有显示出任何恢复工作的迹象，所以他又踢了一脚。

顿时，所有的齿轮都隆隆地掉了下来，落在地上时滴滴答答的声音很是刺耳。

然后，这座钟就永远不再动了。

第十五章 曼哈顿的莫斯科大公爵

1647年5月，新任"勋爵"（新理事喜欢这样称自己）从船上的踏板上一瘸一拐地走下来，划着小船来到了他的新王国，甚是庄严。他的出发地是库拉索，那里是荷兰在美国所占领的领土的中心。

他的王国包括一大片荒原（没有人知道具体有多大），一些农场，十几个村庄，北部刚兴起的一座小镇，有一个要塞的中心城市（要塞有些陈旧了），两个风车，一个砖砌成的大旅馆（旅馆屋顶会漏雨），四十个左右的仓库和大约一百五十座私人住宅。这些住宅里居住着约七百居民，其中只有一百人能端枪战斗，剩下的是妇女、儿童、奴隶和外国人。

他的臣民中有一些属于上层阶级，他们都来到了码头恭候新理事的到来。但才刚刚下船，他就鄙视地皱了皱眉。接下来的几天，他不断地向人们唠叨着介绍自己的政治信念。他公开表明，他希望能像父亲教育孩子那样管理新尼德兰的居民，这对西印度公司以及居民自己都会有好处。他会做一个普通的人，人们若是有不满，完全可以发泄出来，不用躲躲藏藏。但他希望他亲爱的市民们能够理

勋爵朗读宣告书

159

解一点：他毕竟是个统治者，其他人都是臣民。所以，他不希望有人对他管理自己领土的方式指指点点，无论这个人多么显赫、多么有钱、多么有智慧，都不可以。

为了表示自己的高尚，他照着莫斯科大公爵法庭盛行的礼仪做了一些事情。每次盛大的公共集会时他都坐在椅子上；每当他对着一群观众说话时，他都会让这些人站着听。如果这些人在跟他说话的时候直视他的眼睛，他就会以很高雅的言语来责备这些可怜的人们。在这点上，已逝的牧师博加都斯可能会很嫉妒他，不过博加都斯现在已经在海底安息了。

接着，他就像一个名副其实的君主一样，选出一些牧师组成了咨询委员会，来帮他解决管理整个大帝国遇到的困难。但史蒂文森和许多孤行专断的人一样，没有一双识人的慧眼，在选择朋友方面也很不幸运。其中有一位名叫拉·蒙太古（La Montague）的顾问深受殖民地居民的尊敬和爱戴，但他的机密顾问和个人秘书居然是老前辈范·填荷文。填荷文之前经常跟着特维勒一起喝酒，在凯夫特处理印第安问题时也经常做出过分的退让。所幸的是他在这个岗位上没做多久，不过他离开时还是造成了很大的危害。还有一个叫牛顿（Newton）的人，没人知道他从哪里来，只知道他和理事成为了很好的朋友。牛顿一直都没有学荷兰语，所以殖民地的居民总是能骗他签订很多条令，但一般情况下他们都会为这种"欺骗"付出惨重的代价。另外还有一位顾问，是我们之前提到的鲁伯特斯·范·邓克莱金。正如我之前所描述的，他当时与博加都斯争吵，被迫来到

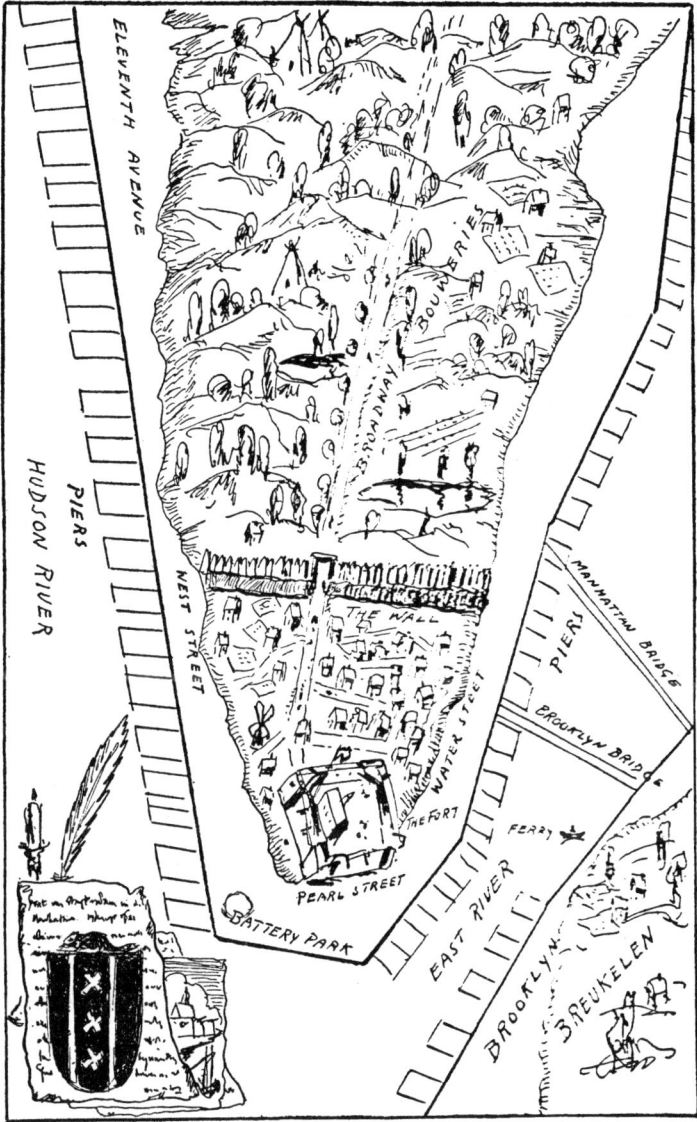

旧城和新城

161

了曼哈顿岛的荒原，靠吃野草维生。在博加都斯被召回荷兰后，邓克莱金又回到了新尼德兰重操旧业，用自己渊博的学识去帮助那些需要他帮助的人。

七年之后殖民地才有了正规的法庭，在这之前都是理事的咨询委员会的成员充当法官的角色。所以，对于政府的执行和法律部分就先介绍到这里。

现在要谈的是那群"野蛮的粗人"，历任的理事和牧师一提到他们就一肚子的抱怨。当时来这里参观的人很少，我们从他们提供的信息中得知，那时居民的数量已经翻了一番，但居民的道德素质还是很低。至于那些道德稍微高点儿的居民，来新大陆都是想在此永久定居，他们的数量也比以前增多了。但这部分移民大多数还是要先受雇于庄园主才能来到新大陆。这些庄园主永远都不用工作，因为他们本身就是老板，没有人雇佣他们。

这里必须要提到，史蒂文森一开始就意识到新阿姆斯特丹已经不再是一个交易站了，这块土地太肥沃，不能永远留给土著人生产海狸毛皮。他也知道，大自然很痛恨这种浪费土地的做法，并且，如果西印度公司不想或不能让自己国家的人来到这片土地上，英国人、法国人和德国人也会逐渐渗入，最终占领新阿姆斯特丹。而那时，这里就只能是在名义上属于西印度公司这个远在阿姆斯特丹的贸易公司了。

但他的常识经常逼迫他让步，让他无所适从。史蒂文森处于一个发展的时代，这种发展是顺从自然法则进行的，他和其他任何人都不能阻止或推进这个进程。但他是个负责又固执的人，所以他逼迫自己相信：是他推动了发展的进程——殖民地的发展进程。看，其实他也在逼迫自己。

因此，在他统治的二十年里【他真的可以称得上是第二个柏图斯一世（King Petrus I）】，他这个只有一条腿、带着鸵鸟毛大帽子的新尼德兰理事，一直都在与命运对着干。

这种与命运的不和很有趣，但也很不公平。

而且，大家很容易就能知道他的结局是什么。

第十六章 不同教义之间的冲突

新理事与之前的理事相比有一大优势：他有一位得力助手，这个人是一个忠诚的牧师。在博加都斯的丑闻后，西印度公司指派了乔纳斯·康奈利曾·拜克尔（Johannes CorneliszoonBacker）去接任他的职位，但拜克尔刚到没多久就离开当地去了爪哇岛。公司很失望，所以这次他们决定要小心谨慎，为新阿姆斯特丹的人们找新的精神领袖，而且这个人应该对祖国不离不弃。十九董事会和美国殖民地当局通了很多次信，最后再与阿姆斯特丹宗教法庭详细讨论后，决定聘用博学的乔纳斯·美嘉伯伦斯。我们之前提到过他，他是伦斯勒维基克的牧师，曾经试图平息牧师博加都斯和理事威廉·凯夫特之间的争吵。

美嘉伯伦斯在伦斯勒维基克过得很不愉快，所以希望回到荷兰。他是个聪明的庄园主，为人十分善良，但即使是他这样的人都觉得很难管理这些骗子、农民和混血儿。这些人生活在一片未知大陆的中心，而他却身在阿姆斯特丹一条安静街道上的一间安静的办公室里，管理工作就更难了。新阿姆斯特丹此时已经成为了重要的港口，是一个连接马萨诸塞州和弗吉尼亚州的主要通道，与荷兰保持着频繁的交流。如此繁华的地方却连表面的秩序都维持不了，更别说伦斯勒维基克了。哈德逊河区域的山脉和森林将伦斯勒维基克和其他地方隔开，那里的居民跟土著人差不多，他们既不信上帝，也不听从庄园主的话，既贪婪又自私，连离开祖国前与庄园主签订的合同也不屑一顾。这些人都是酒鬼，还经常追着土著妇女到处跑。总之，他们的行为就和之前所有的移民一样，来到这个小镇后，舆论的压力都消失了，他们仿佛被扔到了文明之外。小镇里没有警察和地主，也没有八卦的邻居对他们的所作所为指指点点。

荷兰的地方法官和牧师们听说了这些堕落的居民所做的坏事之后，当然会对他们感到绝望至极。但同时，伦斯勒维基克这些恶人们自然也不会有任何改变。他们依旧贩卖枪支给土著人（这是不允许的），把卖枪赚来的钱拿去喝酒（喝酒也是不允许的），有时还拉着土著人的女儿和他们一起喝酒（这也是绝对不允许的）。他们的庄园主虽然可以逼迫他们礼拜日去教堂，否则就重重罚款，但他们在做礼拜时总是打瞌睡，剩下的时间又在畜棚后面打牌，庄园主拿他们完全没办法。

美嘉伯伦斯不是清教徒，他来自莱茵河村庄，那里的人们都很欢快，与清教徒完全不一样。他不会反对肉体的欢愉，他是个正常人，一个有学识、善解人意的人，但被放逐到伦斯勒维基克后就一直都想离开这里。即使有时他能从毫无怜悯之心的摩霍克族人手里拯救一些法国耶稣会教徒，并向他们长篇大论地介绍洗礼的真正内涵，但这点兴奋之情也不能让他继续忍受那漏水的房子以及索然无味的日子。

因此他向阿姆斯特丹的雇主申请离职。雇主们依然记得之前的几个牧师都非常不幸，而现在他申请辞职了，刚好可以安排他去新阿姆斯特丹。于是他们一再劝说这个称职的牧师接受新的职位，他最后也同意了，这使雇主们非常开心。

于是这个诚实又聪明的牧师就来到了新阿姆斯特丹，与另一不太诚实又不太聪明的顾问一道，协助新理事对城市进行大清理。这可是个大难题，因为这里的每五座房子里就有一座是大型酒吧。除此之外，他们还要保证不同宗教派别能和平相处，这些不同宗教信仰的人来到荷兰的这块殖民地，都是因为在其他地方受到了迫害。

其中有一个宗教的信徒管理起来很容易，他们是来自尼德兰南部的胡格诺派教徒。他们大部分的信条与荷兰归正教会的信条十分相似，甚至几乎一样。而且，在没有法国牧师的时候，他们都会去荷兰的教堂。

然而，信奉路德教的德国人却不怎么好管理。在曼哈顿岛的聚居地刚建好时就有路德教的信徒在这里定居，他们都是威腾伯格（Wittenberg）改革家马丁·路德的追随者。早期的移民也与胡格诺派教徒一样，会在礼拜日去最近的荷兰归正教教堂进行礼拜。但后来他们的人数逐渐增多，就开始要求修建自己的教堂，还要请一位牧师。

此时，那些代表"官方"宗教的牧师们，也就是荷兰归正教的牧师们开始大惊小怪了。他们请求理事、十九董事会，甚至三级议会，绝对不要答应路德教教徒的要求。他们认为一旦答应他们的请求，荷兰归正教教堂的人数就会减少（当时的人本来就已经很少了），而他们这些守护真正信仰的牧师的工资也会随之减少。

　　牧师们向荷兰提出抗议和请求的次数相当多，看来在几年之内，这个问题是解决不了了。而且，十九董事会最怕扯上宗教方面的事。他们当然知道在国内应该去哪个教堂，但一旦踏出国门，比起信条什么的，他们更关心利润。于是他们告知新尼德兰的新理事，在处理这件事时一定要小心谨慎。他们在给史蒂文森的信件中这样说："我们当然都知道荷兰归正教的教堂才是唯一真正的教堂，总有一天所有人都会明白并承认这一点。但不幸的是，现在很多人依然坚持自己的错误，如果我们对他们来硬的，他们可能会更固执，这没什么好结果。但如果我们来软的，如果我们用自己的行动来向他们展示归正教的美德，向他们证明归正教才是唯一真正的宗教，那就不一样了！"这些话传到阿姆斯特丹的宗教法庭时，当然没有一个人相信。但这些话毕竟为无数的讨论提供了机会，这样，这个问题就会一直拖下去，到时候就不了了之了。而史蒂文森面对的难题实在太多，也没有时间花在镇压路德教教徒上。所以最后这些教徒自己找了个集会的地方，还从德国请来了一位牧师，没人再理会这件事。这件事再次证明：那些认为顺其自然是解决问题最好方式的人才是最聪明的人。

　　还有另外一个宗教的信徒也大规模地迁徙到了新尼德兰，那就是门诺派的教徒。这些人都是门诺·西门斯（Menno Simons[1]，这个人是史蒂文森的同代人，只是性格跟他完全不一样）的追随者，经常像野生动物一样被捕杀，他们很多人被吊死、烧死、分尸、溺死。而且，天主教和新教对他们也不仁慈。他们所遭受的迫害，普通人觉得不可思议（这里排除军事人员。在这片富饶的土地上，他们眼看着几百个完全无害的门诺派教徒死在监狱里，仅仅是因为这些教徒不愿穿有扣子的军装，也不愿加入十字军，参与到全世界的正义行动中），因为这些教徒的信仰根本不会给其他人造成一点伤害。只是，在那个时代大家总是鄙视世界上的其他人，并且认为在国教的怀抱里过着与世隔绝的生活才是最理想的生活方式。门诺派教徒不过是这个时代必然的产物，门诺·西门斯不过是向前推进了一步，敦促门徒们不仅要与世界隔绝，还要与国家隔绝，回归到早期基督教徒最单纯的信仰。于是，门诺派教徒就老老实实地模仿了基督的十二信徒，除了圣经和自己的良心，他们不承认任何权威。他们坚守戒律，绝不杀害邻居；他们拒绝宣誓，称一个老实人做出庄严的承诺就已经足够。但不幸的是，他们对洗礼的看法很自由，所以敌人们经常谴责他们是再洗礼派教徒。

在宗教改革时期，再洗礼派教徒都是很激进的人，基督教及其所有派生教派对他们又恨又怕。一说到门诺派教徒可能是邪恶的约翰（John of Leyden，荷兰再洗礼派领袖）的秘密追随者，并且还信仰自由性爱这一臭名昭著的信条，欧洲和美洲的所有人都会对他们

---

[1]门诺·西门斯（1496—1561），荷兰再洗礼派领袖，其教徒被称为门诺派教徒。

实施宗教迫害。要知道，正是自由性爱这个信条才让美纳斯特镇（Minister）变得放荡不羁。

一些宗派并没有职业的牧师，要清除他们是很困难的。对于大部分宗教而言，它们的存在以及未来的传播都要靠牧师的宣传，这些宗教很容易就能被清除干净，而且前四十个世纪的历史里，也充满了这种宗派和教派一夜间全部消失、不留一丝痕迹的故事。这是因为一旦敌人抓住了这些教派的牧羊人，再将他们杀掉，那些可怜的羊群就变得无依无靠，只能在死亡与逃到其他羊圈中做出选择。但门诺派教徒和贵格会信徒自身都是完整的精神单位，他们就像那些我们尚未找到治疗方法的疾病一样，很难被打败。现代医学（如果我没说错的话）在遇到这种疾病时总是会避免直接治疗，而是给病人提供足够的新鲜空气和食物，再宽宽病人的心，让病人自己康复。

荷兰共和国的商人统治者们很快就发现，如果不去管那些门诺派教徒的信仰，他们在其他方面还是很有用的。这些人不会吵架斗殴，不会骂人，也不会酗酒。他们非常值得人们得尊敬，一天工作十四个小时，该不该付的账他们都付，而且不会因为付了不该付的账而闹到法庭去。天啊！还有什么人民比他们更理想啊！因此，荷兰的门诺派教徒经允许可以不参军，可以不担任公职，也可以不宣誓。而作为回报，他们从十七世纪到十八世纪为荷兰贡献了巨大的财富。后来他们中的一些人决定搬到新尼德兰，并且在祖一德河的两岸建立起自己的社区，这时阿姆斯特丹镇也自愿帮助他们。

这样，新大陆再次成为了共产主义的实验室，之前拿清教徒做实验并没有成功，后来也就停止了。而这次拿特拉华河两岸的门诺派教徒做实验，都还没来得及有些进展就夭折了。因为在他们的社区建成后不久，英国人就来到了这里，把居民们当作奴隶卖到了弗吉尼亚。如果史蒂文森理事看着这些并无恶意的门诺派教徒来到了自己的管辖范围，究竟会有什么想法呢？这我们不清楚。所幸这些人没有来到新阿姆斯特丹，而是立刻去了特拉华一代。但从史蒂文森对待贵格会信徒（他们本质上都是门诺派教徒的同胞）的方式来看，我觉得，他看到这些人的到来，心情和国务卿凯洛格（Secretary Kellogg）①看到一群列宁的追随者来到哥伦比亚地区是一样的。但史蒂文森没有轻举妄动，因为十九董事会告诫他别管这些人，他们还说：这些人都是勤劳的农民，比其他殖民地居民好多了。阿姆斯特丹和伦斯勒维基克的大部分居民不是懒汉就是酒鬼，跟他们完全没法儿比。而且，这些人还可以增加公司的收入。总之，阿姆斯特丹的十九董事会要给理事传达的信息就是："别管了！"而且史蒂文森也确实听从了命令。

我刚才提到了贵格会信徒，他们在我们的故事中扮演着奇怪的角色。史蒂文森知道，如果对异教徒采取过激的政策，荷兰的雇主们就会批评他，但他在处理贵格会的难题时完全是昏了头，忘记了这些警告。贵格会信徒虽然是史上罕见的狂热分子，但并不会对任何人造成伤害，而史蒂文森就像马萨诸塞州的马瑟一家（Mathers）

①弗兰克·B·凯洛格（1586—1937），美国政治家，1925年至1929年任美国国务卿。

（一家人都是清教徒牧师）的堂兄弟一样，对这些信徒坏到了极致。但我不相信他是因为这些人的宗教信仰才如此愤怒，他是曼哈顿岛至高无上的统治者，很注意形式方面的细节。作为虔诚的加尔文主义者，史蒂文森做的第一件事，就是把自己的居住地模拟成一个被攻陷的城市。我在前面讲过这个情况，加尔文主义是被攻陷城市的要塞所要遵循的信条。一个要塞必须要有忠诚的守卫，而从军事角度来讲，没有严格的纪律就不会有忠诚的士兵。所以，新阿姆斯特丹的所有市民都对长官们服服帖帖。因此我认为引起 1657 年那场不愉快冲突的原因，很有可能是贵格会信徒对一些礼貌举止的蔑视，而不是他们的宗教信仰。

在史蒂文森来到新尼德兰之前，就有一些约翰·福克斯（John Fox，十七世纪最显赫的贵格会信徒）的追随者来到了新阿姆斯特丹。他们中有些人的兄弟姐妹被清教徒绞死了，为了逃脱这种命运，他们来到了新英格兰。还有些人认为新大陆需要他们的宗教信仰，于是就过来闲逛。在史蒂文森任职的某一天，一群讨厌的贵格会狂热者乘船来到了港口。于是，麻烦开始了。首先，这艘船上没有国旗，一艘没有国旗的船在现在就相当于一个没有护照的旅行者，而且根本不能称之为船。其次，这艘船没有鸣礼炮，这违反了所有文明国家历史悠久的习俗。再次，当一个官员走上船要求船长为自己的行为作出解释时，船长对这位官员出言不逊。最后，当这位船长被押到理事面前时，他也非常没有礼貌。他拒绝脱帽，行为举止完全就像一只山羊（牧师美嘉伯伦斯在给国内的信中，出于愤怒于是这样描述他）。所幸的是，这艘船第二天就离开了，但启程时也没有说明他们的去向。美嘉伯伦斯猜测，这些贵格会信徒肯定是要去罗德岛（以前叫 Roode Eiland，现在写作 Rhode Island），因为那里是"新英格兰的公共厕所，而且还是全世界无赖的聚居地"（牧师用这种略欠高雅的词语形容新英格兰）。

不管怎么说，不速之客总算是走了，至少表面上看他们已经离开了。但几天后人们就发现，他们似乎留了一些有害的"货物"。人们看到两个贵格会的女信徒在街上疯跑，她们告诫人们要忏悔罪行。这引起了很大的骚动，甚至有几个市民以为小镇着火了，立刻拿水桶准备救火。很快警察就抓到了这两个女人，但被抓后她们依然还在尖叫。被关到警卫室后，她们透过窗户继续布道。拘留了几天之后，警察释放了她们，并告诫她们，以后再也不能踏上新尼德兰半步了。

但骚乱并没有就此停止。这场骚乱就像疾病一样很快传遍了大街小巷，一些无恶意的鞋匠、粉刷匠突然就丢掉了手里的工具，涌向街头，向邻居讲述上帝的故事。

长岛的情况尤为严重，群众集体爆发动乱，到了地方法官必须干涉的地步。

在海姆斯泰德（Heemstede）村庄里，住着一个名叫罗伯特·霍奇森（Robert Hodgson）的英国人，他是贵格会信徒，经常在院子里给学生上课，就像柏拉图的学院一样。有一个邻居因为他上课的噪音太大影响了她休息，于是向警察投诉了此事。但其他邻居却站在了罗伯特这边，并且很快就找出了这个投诉的邻居，双方争吵了起来。后来他们越吵越厉害，人们只能找理事解决问题。

史蒂文森派出了财长和十二位士兵去恢复秩序，而士兵们则采取了惯用的方法，抓来了两个完全无辜的女人，理由是她们对这个英国人太友好了。他们把这两个女人吊在车上，把霍奇森系在车后面，来到了新阿姆斯特丹。整个路程有七英里，霍奇森在后面小跑着，非常痛苦。

理事看到这个情况，立刻上前纠正了士兵犯下的错误，释放了这两个女人。但霍奇森一点儿也不后悔自己所做的事，于是理事把他扔到了满是泥土和害虫的地牢里。他还拒绝承认合法的地方法官的权威，于是被罚款六百荷兰盾或是与奴隶一起劳作两年。

霍奇森想要为自己辩护，阐述自己的观点，但大家都叫他闭嘴。此时，一个市民将霍奇森的帽子拉下，遮住了他的头，旁边的看客们都讥讽地笑了。霍奇森拒绝支付罚款，于是被拴在了手推车上带去修路，但他依然拒绝拿起铁锹。因此理事又找来一个黑人，让他去抽打霍奇森直到他愿意工作为止。这个黑人把霍奇森打晕了，他醒来之后依然不愿服从理事的命令，所以又被打了一次。但这种方法始终没能改变霍奇森的想法，于是他又被吊了起来，双手被系在天花板上，脚下还加了重物，就这样又被抽打了一次。

这一次，顽固的彼得总算是遇上对手了。他非常愤怒，要知道，被愚弄的荷兰人是世界上最愤怒的人。他本来可以采取更残忍的手段，但所有宗教暴君的仇恨中都有某种奇怪的精神，此时这种精神开始起作用了。正是由于这种精神，才让西班牙宗教法庭这样无情的机构在处理尼德兰人民的时候都采取了谨慎的做法。新阿姆斯特丹的人们在这件事上确实很残忍，就像在引诱一个什么都不懂的年轻宗教狂热者上钩，仅仅是因为他的长篇大论使他们心烦。但人们再残忍，也不会仅仅因为这个人的宗教信仰与大众的不一样就如此折磨他。霍奇森确实是违反了法律，但不能仅仅因为他拒绝在理事面前脱帽，就把这个基督教徒拴在手推车上，让他和一些异教杀人犯一起劳作。理事有权惩罚他，但没有权力拿这个没有发言权的可怜人当出气筒。霍奇森是傻了点儿，但他毕竟没有犯什么罪。

　　史蒂文森的姐姐安娜在丈夫死后随弟弟来到了新大陆。她与所有理事家的女人一样，非常平庸，几乎因为自己的平庸而出名了。她鼓起勇气，告诉了傲慢的弟弟自己对他这一行为的看法，史蒂文森被迫屈服了。于是霍奇森从监狱里被释放，还接受了治疗。痊愈后，他被送到了罗德岛。新阿姆斯特丹的人都认为那里就是个凄凉的角落，里面住的大部分都是流浪者。

　　即使在这件事之后，贵格会这股可怕的瘟疫依然没有结束。很多次，牧师在归正会教堂里安静布道时，一群疯狂的男男女女就会闯入教堂，打断牧师，并声称自己是上帝的先知，可以立刻解救那些希望从物质、精神错误中解脱的人，而且不用牧师来主持。虽然如此，但再也没有出现过霍奇森这样的案例。从此以后，在对待这些爱管闲事的耶利米（Jeremiah，圣经中亚拿突城的祭司）时，官方都采取说服的办法让他们去别处布道。所以霍奇森是新尼德兰的第一个、也是最后一个宗教迫害受害者。

　　然而，霍奇森这件事漂洋过海，传到了西印度公司董事会的耳朵里。他们听说此事后很不开心，便通知理事，说他们并不是谴责他，只是希望他知道在宗教事件中什么时候该睁一只眼闭一只眼。只要人们的行为不过分，并且不违反当地的法律，理事必须学会忽略这些小事，让每个人都有宗教自由。董事会提醒理事说："在阿姆斯特丹，地方法官最初就是在这些原则的基础上获得了城市的繁荣，所以新阿姆斯特丹的地方法官也不妨试试。"

　　这些严肃的警告起到了作用。正是因为如此，罗马天主教教徒居然都来到了这片加尔文主义的大本营，而且大家还真心喜欢他们所讲的故事，这种情况原本是很令人不解的。这些天主教来访者都是耶稣会的神父，他们把新阿姆斯特丹作为中转港口，从哈德逊河河口出发前往印度地区。

　　发现罗马天主教教徒的是博学又友好的美嘉伯伦斯，他当时是伦斯勒维基克村里的基督教牧师。他在给阿姆斯特丹兄弟的一封信中，描述了他和这些可怜的法国人举行的一次会议。当时奥兰治要塞的两个土著部落正在进行一场无休无止的战争，其中一个部落抓到了一个与他们的敌人住在一起的耶稣会神父。依据他们野人般的习俗，他们砍掉了神父的大部分手指，没被砍的手指也被咬掉了指甲。但是不知道为什么，他们没有杀他。不久后，他们甚至允许神父偶尔去附近的荷兰聚居地看看。但每次外出，神父身边总有一伙土著人，他们向他讲述他即将被处以死刑的"愉快"故事，比如他们会怎样在火上慢慢烤死他，等等。美嘉伯伦斯在告诉国内同事这件事时，表达了自己对这位可怜天主教徒的同情。这个神父叫艾萨克·约格斯（Issac Jogues），美嘉伯伦斯叫他逃到伦斯勒维基克去，并答应他荷兰人会尽力掩护他，直到他安全到达海岸。

约格斯听从了这个建议，从新阿姆斯特丹回到了法国。回国后他大肆宣扬了荷兰朋友的善良。同时，他非常想将希望带给那些野人，于是他又回到了加拿大，并再次与那些差点吃掉他的野人们生活在一起。

美嘉伯伦斯很遗憾，因为这次土著人就没那么仁慈了。他们把这个耶稣会神父砍成了很多截，把他的衣服留下来献给了美嘉伯伦斯，以表达他们对他的尊敬和爱戴。美嘉伯伦斯责怪他们如此残忍，竟然谋杀了可怜的神父。他们回答到："为什么不杀他呢？耶稣会的人一直都在怂恿我们杀荷兰人，现在我们杀死了他，难道不公平吗？"

两年后，美嘉伯伦斯再次帮助了一位耶稣会神父。这是一个名为朱塞佩·布雷萨尼（Giuseppe Bressani）的意大利人，美嘉伯伦斯救他时，他"被折磨得很厉害，惨不忍睹"，后来他也从曼哈顿回到了法国。

从此之后，一大群耶稣会教徒来到了张伯伦湖（Lake of Champlain）南部，但是他们都被当地野人吓着了，于是回到了魁北克（Quebec）①，只有一个人留了下来。

这个留下的人是神父莫邪（Father le Moyne），他和美嘉伯伦斯

---

①加拿大东部重要港口城市。

之间发展了一段很神奇的友谊，两人写了很多长信。在信中，这位耶稣会的神父想要说服与自己有着不同信仰的美嘉伯伦斯，让他承认自己的错误；而美嘉伯伦斯又想说服神父，让他承认自己才是错的，并说如果再这样下去，神父会失去他不朽的灵魂。这些信写得都很直接，但两人的关系一直很好，美嘉伯伦斯受命来到新阿姆斯特丹时，莫邪还来看望过他。牧师也曾怀疑过，这个非同寻常的客人如此好心说不定另有打算。他可能是个间谍，来这里是为了给殖民地的法国人做弥撒。

这些事有可能是真的，也可能是假的。但可以肯定的是，莫邪没有受到任何荷兰警察的欺负，安全地回到了国内。从此以后，新阿姆斯特丹当局和魁北克当局之间似乎达成了某种心照不宣的协议，只要不在公共场合大肆宣扬自己的信仰，只要信徒也不反抗当地人对他们的歧视，双方都会尊重对方的宗教信仰。于是，我们很少读到有关荷兰和它的假想敌罗马天主教之间冲突的故事。但奇怪的是，有关他们和犹太人之间的不愉快，却经常出现在殖民地的报告中。

这一点就比较奇怪了，因为总的来说，犹太人在尼德兰七省联合共和国还是比较受欢迎的。虽然不是那种大张旗鼓的欢迎（普通荷兰人还是看得出来，这些葡萄牙和西班牙的难民是外国人，不会认为他们是神秘的恶人），但这些人可以在主要城市定居，还可以做生意、修犹太教堂，甚至可以在必要的时候迫害他们内部的异教徒。就算荷兰人和犹太人之间出现社会壁垒，那也是双方共同的责任。犹太人宁愿杀了自己的孩子，也不愿看到他们和加尔文主义的同学交朋友。虽然他们可以随心所欲地选择定居点，但他们还是偏向于选择自己修建贫民窟。

但不幸的是，这种友好的关系并没有在美国殖民地再现，冲突一开始就在新尼德兰发生了。第一批犹太移民是从荷兰直接过来的，他们还算不错。但不久之后，荷兰西印度公司逐渐失去了在巴西的土地，就在那时，许多之前从西班牙和葡萄牙前往南美的犹太人开始出现在了新阿姆斯特丹，冲突就是在那时从他们身上开始的。

第一批从南美来到新阿姆斯特丹的犹太人有二十个，船长声称他们都没有付船票，于是起诉了这群人，最终船长胜诉。这些犹太人向镇里的那些从德国和荷兰来的犹太人求救，但后者并不想帮助这些从地中海来的同胞，所以任其自生自灭。这酿成了一则小丑闻，可怜的船长因为把这些不愿付款的乘客送进了监狱，毁掉了自己的名声。而小镇居民则借这个故事又诙谐了一把，但理事却一点儿也不觉得好笑。

理事向法庭牧师表示，他担心以后还会出现从地中海移民过来的犹太人。美嘉伯伦斯在明白了他的意思之后，就写信给阿姆斯特丹宗教法庭，请求他们用法庭和十九董事会的影响力阻止更多的犹太人来到新大陆，路德教徒、门诺派教徒、贵格会信徒和天主教教徒已经给殖民地带来够多的麻烦了。

牧师在信中说：如果再来"几百个固执的希伯来人"，那就会带来一场灾难。阿姆斯特丹的宗教法庭也知道他想表达什么，他们谨慎地将此事告诉了西印度公司的董事们。公司的高层当然知道怎样回应这种暗示，他们拿出一支新的鹅毛笔，给尊敬的理事写了封信。他们在信中表示，希望理事能接受他们的意见，将犹太人的问题放在一边。因为西印度公司有许多犹太人的投资，鉴于公司现在状况不佳，最好是与非同寻常又异常富有的犹太人搞好关系。为了鼓励他对此问题置之不顾，董事们还在附言中写到，他们刚同意一批葡萄牙的犹太人移民到新大陆，这批犹太人在找到了必要的交通工具后就会来到新大陆。

理事存下了文件，他别无选择，只有接受董事会的建议。

不久之后，他以一张扭曲的脸欢迎了这群新来的市民，还让他们把殖民地当成自己的家。他们确实想这样做，但把这里当成家确实很不容易，社区的其他人都很反对这么大一群人入侵到这个他们清醒时称之为基督教国家的地方。他们拒绝和犹太邻居一起加入民兵组织，借口说这些犹太人不是当地居民，因此不能召集他们来做保卫工作。犹太人还想建自己的墓地，对此他们也很反对。他们暗示说，如果公用的墓地不够犹太人用，那犹太人就该把死人葬到田野里去。

后来又有传言说，犹太人想修建一个犹太教堂，但暂时没有足够的资金。然而，修建犹太教堂这个具有威胁性的消息却让大家都慌张地讨论起来。理事立刻向上级请示，如果他接到犹太人修建教堂的请求，他又该采取什么样的措施。

这个问题还未解决，犹太人就已经向北深入到了奥兰治要塞，并坚持要在当地做生意。史蒂文森告诉他们这是不允许的，却又被公司上级批评了一顿。董事们提醒了他好几次，告诉他宗教事宜要谨慎处理。董事们还表示，就他们来看，犹太人可以在新尼德兰的任何地方做生意。

这是十九董事会最后一次以如此严厉的语气与忠实的雇员史蒂文森交流。越来越多的犹太人继续前往新阿姆斯特丹，当地人也继续讨厌他们。一旦有犹太人在礼拜日还开张做生意，或者有犹太人想要涉足只有基督教徒才能做的生意，或者有犹太人想和其他居民一起执勤，或者又有新的船只停靠在公司的码头，从巴西运来一群面露饥渴的犹太儿童，市民们就会狂轰滥炸般地向地方法官抱怨。

最后甚至有人兴起了一场运动，要将所有的犹太人赶出曼哈顿岛。但那时，犹太人的问题已经变得和现代犹太人的问题一样了，不再是宗教问题，而是经济上的问题。不久之后，又有新的犹太人来到了殖民地，但他们不再和潜在的敌人吵架了。接着，当地的居民也安静了下来，任凭这些异域人员像最初那样打扰自己的生活。犹太人因此成为了这片土地不可分割的一部分，正如他们在之前的国家一样。

荷兰有句谚语是这样说的：好的上帝总能容纳各种奇怪的客人。在这方面，尊敬的史蒂文森确实很像这样的上帝。

史蒂文森总是要像慈祥的父亲一样，对这些不同国家的孩子关爱有加。对于他这么盛气凌人的人而言，这一点肯定让他非常痛苦。

为了表示自己的好意，一年中有三百天他都坚持这样做。在他担任理事的最后一段时间，移民船只的船舱门上都会贴这样的告示：

"任何人都不能就宗教问题再次提出疑问或讨论，违者将被关到船上的厨房三天，只能喝水、吃面包。如果还有人就宗教问题发生冲突，冲突双方都由理事任意处罚。"

现代的蒸汽船上也该贴上这条告示。

第十七章 新大陆

　　荷兰统治期的新阿姆斯特丹镇里什么都没有。当金融中心下移到曼哈顿岛的低处时，所有与新阿姆斯特丹有关的东西都不复存在了。

　　即使是很有历史想象力的人也很难想象那个古老的荷兰村庄是什么样子，他们可能会坐在炮台公园（Battery Park）①的长椅上，假想自己看到了哈德逊那艘棕色的船缓缓地驶到下湾(Lower Bay)②。但在荷兰统治期，炮台公园根本不存在【那时它还属于北河（North River）的一部分 】，而且哈德逊停靠的地方还要往上游一些，他并没有停下来凝视现在公园里的水族馆。

　　我个人倒是知道感受当初小镇的一个方法：等到春夏某个安静的周日早晨，街上一个人都没有的时候，去百老汇，也就是市政公园（City Hall Park）的下方。现在，你向下可以看到克林·费雷德里克曾（他同时也是修建新阿姆斯特丹要塞的工程师）修建的古道。

---

①位于美国纽约市曼哈顿区南端。
②指下纽约湾，纽约湾海峡之外的部分水域。

在窄如峡谷的道路尽头，你还可以瞥见明亮的阳光，在蓝天的衬托下，还可以看到一面橙、白、蓝的旗帜，它现在还飘在所有的公共建筑上。但是不要站得太久或沉浸其中了，你很可能会被一辆邮车撞倒。也可能有一个爱尔兰农民，穿着带有铜纽扣、配有荷兰村庄里古老徽章的衣服，前来问你想干什么。他很有可能以为你是某个非法经营商店的可疑分子，于是把你抓住关起来。

这个社区在两百年前还是很安全的，华尔街、哈德逊河和东边的河流围成了一个三角形，人们只在这片区域里居住。北边曼哈顿岛的小山和湿地中有一些农场，偶尔还有史前居民留下的小屋。这些小山基本上都被夷平了，唯一留下的是茉莉山丘（Murray Hill），第五大道之所以有个有趣的斜坡面，就是因为这座山。至于湿地中剩下的那部分，名字都很奇怪，只有专业的语言学者才听得懂，因为他们能听懂母语为英语的人怎么念荷兰的词语。

新阿姆斯特丹的图片我们倒是有很多，然而，虽然殖民地号称是诗人之家（它确实也是），但却没有印刷公司可以承担钢凹版印刷这种大型的艺术事业，所以现存的这些图片都是通过一些回国的参观者的"描述"而绘成。

无论这种远距离的景象重现有多么艺术，在精确度上都有很大的缺陷。新阿姆斯特丹的重建之所以很困难，就是因为现在那里比史蒂文森统治的那个时代要大多了。

要塞在修建时将哈德逊河和东边的河流利用了起来，作为半个大本营的护城河。今天的珍珠街（Pearl Street）就是 1650 年曼哈顿岛的尽头，珍珠街和南渡口（South Ferry）的建筑之间的地方都是后来才有的。水街（Water Street）和海滨大道（Front Street）从名字上就可以看出它们最初在河边，而格林威治街（Greenwich Street）就是当初陆地的西界。

我之前说过，在这个三角形的区域里大约有 150 到 200 座房屋，其中五分之三都是大型酒吧。在史蒂文森的时代，居民人数已经上升到了一千左右，守卫也从一个店主（他受托负责看管要塞，拥有军械库的钥匙）变成了一百多个人。

史蒂文森接受管理方面的培训时整个世界每天都在打仗，他自己也在葡萄牙圣马丁（Saint Martin）岛的一次军事行动中失去了一条腿。于是他决定，第一件要做的事就是把中心城市变成防守良好的小镇。他维修了要塞的墙，组装了武器，还修了贯穿整个曼哈顿岛的木栅栏①，栅栏有十二英尺高，栅栏后面还有一堵土墙作支撑。这个栅栏可以保护城市不受新英格兰人的突然袭击。

即使有了这些改进，新阿姆斯特丹看起来还是像个偏僻的小村庄，村庄里，懒猪在街道的泥土里打滚，土著人偶尔还在街上裸奔（虽然有很多法律严格禁止人们向土著人出售烈酒，但依然没用）。土著人还可能杀死无辜的市民，这时警卫就会从市镇大厅里出来，开枪杀死他们。

对于新阿姆斯特丹的这种情况，史蒂文森非常不解。这个聚居点位置优越，适合贸易，其环境应该给人们留下更好的印象才对。

①1685年，勘测员来到这里，沿着原始的木栅栏定出了一条路，就是现在的华尔街。

于是他和顾问们讨论了这个话题，但他们都不怎么感兴趣。顾问们都知道上层市民在这个问题上的想法，不想在这个没有任何结果的问题上浪费时间。对于殖民地那些聪明的上层市民们而言，当地落后的现象完全是因为这里不是真正意义上的小镇。这里不能自治，没有市长和市议会，顶多只能算是理事的加大型后院。虽然大家都很尊重理事的为人，很欣赏他为人民着想的精神，但如果新阿姆斯特丹不能作为独立的小镇存在，不能脱离西印度公司官员的直接监管，不能摆脱那些三流官员的胡作非为，那它永远都只能保持现状，成不了大业。

我之前说过，彼得·史蒂文森肯定不希望听到这些话，他会将此类话语当作是激进派不负责任的言语。但在某点上，他确实与中世纪的侯爵不同。中世纪的侯爵们仅仅因为需要人民的钱，就采用自治的方式来讨好人民，这是他们让人民掏腰包的唯一办法。而史蒂文森违背自己意愿，也采取这种方式在当地凑集日常费用，是因为凯夫特发起的那场土著人战争造成了很大的经济损失，还因为西印度公司当时正濒临破产。

史蒂文森必然要重新组织咨询委员会，之前威廉·凯夫特担任理事期间委员会也存在过很短的一段时间。这个委员会必须要真正地提出一些建议，但不能提出执行事务和立法方面的建议（史蒂文森在这点上很明确）。委员会还不能批评理事和理事的个人顾问，因为，"批评"在合法的当局看来是"可憎的罪行，如同违抗理事合法的决定"。大家都知道，这种罪夸张一点儿就相当于叛国罪。

这时，市民们经过许多事件，已经很了解理事对自治的态度了。他们决定，不管理事给出什么条件，他们都暂时接受自治，不再奢求。但在一次私下的聚会中，他们却大胆地准备越过理事直接给西印度公司的董事会写信，如果董事会对他们不理不睬，他们就直接写信给整个共和国的统治者——三级议会。

这个小镇的理事最害怕的就是有人给"祖国"的当局打小报告。曾经有两个庄园主，在理事到来后不久就做过这件事。他们一个叫库伊特（Kuyter），另一个叫梅林（Melijn），两人都因为史蒂文森的前任——威廉·凯夫特——发起了愚蠢的土著人之战，遭受了严重的损失。于是两人上诉告发凯夫特（当时凯夫特正等待登上那艘不幸的"公主号"回国），并把案子交到了新来的理事史蒂文森手里。史蒂文森了解情况后非常愤怒，如果市民都可以声称个人损失是由地方法官的粗心大意或低效率引起的，并要地方法官负责，那这个世界成什么样了？

于是，两人的请愿书被扔进了废纸篓里。厚颜无耻的凯夫特没想到史蒂文森能这样支持他，居然还得寸进尺，反过来控诉库伊特和梅林，指责他们两年前曾写信给十九董事会投诉。在四十八小时内，史蒂文森就狠狠地罚了两人的款，并且把他们赶出了新尼德兰。

两个罪魁祸首不仅没有被吓到，还威胁要借此机会回到荷兰，向西印度公司的董事提交诉讼。

这件事总的来说很不愉快。现在，这些悲惨又不知感恩的村民们不仅不感谢理事赠与他们农场，居然也打算要去荷兰见三级议会，还要求他们在自己的城市里应该拥有发言权！不行，他们这样太自命不凡了，无论怎样都要阻止他们。

他们居然还请求众人都很惧怕的理事，让他同意他们向小镇居民集资，用以支付代表团去往海牙的花销。这些殖民地居民竟然天真幼稚到了这个地步，理事的住宅里传出了他那仿佛雷击的大声嚎叫："不行！"于是对理事而言，这件事就这么了结了。

但此时，新阿姆斯特丹不仅有三位内科医生（闲时他们也是理发师），还有一名律师。这个律师不仅有过实践经历，而且这些实践还都很成功。他的名字是艾德里安·范·德·东克（Adriaen van der Donck），毕业于莱顿大学。东克对政治很感兴趣，上面所述的情况让他很开心，因为他终于可以为收养他的城市、也为他自己做些事情了。于是，他和一些反叛者挨家挨户地拜访镇里的人家，为将要进行的旅行集资。为了表示代表团真诚的好意，他还记下了所有捐款人的怨愤，这些人都希望投诉都可以到达祖国当局。

在新阿姆斯特丹这种小地方，秘密很快就传开了，理事家的一个佣人告诉了他人们背着他都做了些什么。理事立刻气冲冲地来到了东克家收缴了文件，还把他送进了监牢。但就在理事快要成功的时候，突然半路杀出个程咬金。此人之前因为在土著人战争中损失巨大，将已逝的威廉·凯夫特告上了法庭。没错，他就是受尽苦难的梅林。梅林此时带回了官方法令，法令更改了之前对他的审判。不仅如此，他还带回了三级议会的一封信，信中命令彼得·史蒂文森前往海牙解释自己的所作所为。

这时还出现了戏剧性的一幕：梅林坚持要理事当着众人的面阅读他的豁免信，庄严的程度不能低于当初那张宣布他被放逐的判决书，史蒂文森一把从主持秘书的手中抢来豁免信，将它撕碎。但显然，梅林还是深得许多人的同情，而且借此机会他似乎在三级议会还有了点影响力。最后，理事认为自己最好还是批准东克的请愿，允许这位律师和另外两名显赫的市民去往荷兰，向海牙的议会成员和阿姆斯特丹的十九董事会诉说他们的不满。史蒂文森还派了填荷文——他忠实的助手——一同前往，代表他出席此次案件，以反对东克和他那群受误导的追随者的计划。

　　四人乘坐同一艘船跨过了大西洋，一路上还算友好。事实证明，东克不仅是一位好律师，还很懂得宣传的价值和力量。他担心（这种担心很有根据）如果直接与西印度公司对话，可能什么也办不成。十七世纪不像现在，不会出现狗咬狗的情况，贸易公司的执行官若是为了公司的利益而搞得自己很不受欢迎，公司是绝对不会惩罚他的。但东克同时也认为，等到大多数荷兰人都知道有新阿姆斯特丹这个地方、具体又在什么位置时，再与三级议会对话也是不明智的做法。因此他开始写一篇小文章，描述他在大洋彼岸新家的快乐生活。他还画了两幅图画，一幅描绘的是更开明（也就是更民主）的政府统治下的美丽的新尼德兰，另一幅是现实中悲惨的新尼德兰，这个新尼德兰的统治者是个固执的暴君，他总以为自己是莫斯科大公爵。他甚至还幽默了一番，描绘了史蒂文森和内阁的会议，会议上只有一个人能表达自己的看法，这个人来自英国，他完全不懂荷兰语，每次理事说点什么，他都很开心的回答"同意"，所以他也是理事最信任的朋友。

这本小册子很快就传遍了荷兰，所有荷兰人都知道了新大陆殖民地的存在。接着，东克和两名随从——高文厚（Couwenhoven）和布特（Bout）——来到了三级议会面前，向他们提交了从新阿姆斯特丹带来的请愿书，每个上层市民都在请愿书上签了字。

填荷文试图利用请愿人的个人动机来弱化此次案件，比如：基普（Kip）只是个小裁缝，哪边赢跟他都没关系，反正他也是个穷光蛋；范·科特兰特（Van Cortlandt）一开始只是个士兵，后来靠损害公司的利益发家致富；艾伯森（Elbertsen）欠公司很多钱，他煽动人们反对理事就是想逃债，等等。但不久之后，填荷文被卷入了一场公共丑闻中，甚至还被关进了监狱，所以这些话都没有起多大作用。看来这次史蒂文森是输家，市民们要赢了。

但正如我之前所说，十七世纪不会出现狗咬狗的情况，十九董事会帮助了忠实的雇员史蒂文森。首先，他们延迟了案件审判；接着，虽然三级议会要求史蒂文森亲自前往荷兰，但董事会却悄悄地给他写了封信，告诉他不用过来，直接把议会的传票扔进哈德逊河就行。他们的行动很有成效，案子拖了很久，东克一行人在接下来的三年里都留在了荷兰。但双方都是很固执的人，这种拖拖拉拉的手段并没有耗尽反叛一方的耐心。反叛者的资金眼看就要耗尽了，但殖民地总会做些小贡献来支持他们，所以这些"民主人士"留在荷兰继续他们的事业。此时，史蒂文森也继续自己在殖民地的工作，他起诉了那些他认为的这场独立运动的元凶们。有些人在他做沉闷的政治演讲时总是在下面偷笑，他也找了这些人不少麻烦，折磨了他们很久。他还多次提醒听众，理事一职仅仅是上帝和公司才能指派的，不是哪个愚蠢的无赖想当就能当的，这些无赖就应该被抽打、被处以夹刑。不久后，他的亲信填荷文在保释后逃了出来，急忙回到了比较安全的新大陆的怀抱。他所犯的罪在新尼德兰家喻户晓，但回到这里之后，他还是像凯旋者一样受到了理事的热烈欢迎。理事甚至一时高兴，辞去了忠诚的财长（随后他给前财长安排了新工作：驱赶要塞墙上的那些猪和牛），将如此有利可图的职位赐予了刚回来的朋友填荷文。

虽然当时消息传播很慢（新阿姆斯特丹和阿姆斯特丹之间寄信加回信需要三四个月），但还是能传播到的，所以好景总不长，不久后，令人讨厌的填荷文被逼永远离开了新阿姆斯特丹（留下了他的妻子和一堆债务）。最后，三级议会对西印度公司董事的做事方法感到异常愤怒，于是开始仔细审查东克的起诉状。审查后，他们总体上都支持东克的观点，同意新阿姆斯特丹应该由三级议会直接管辖。

面对这样的威胁，十九董事会立刻做出了让步。几个月后，东克一行人回到了新阿姆斯特丹，并带回了城镇特许状。

新政府的组织形式并不是我们今天所说的夸张的民主实验，当时的尼德兰七省联合共和国政府主要是想安顿好这些"小人物"。丹尼尔·韦伯斯特（Daniel Webster，十九世纪美国政治家，支持杰出人物统治论）那代人一点都不相信平民百姓，彼得也跟他们一样。可怜的彼得现在不知所措，这是他人生中第一次与这些他鄙视的人打交道，他一直觉得这些人不过是一无是处的傲慢之人和激进派。然而，这些傲慢之人和激进派也有自己的麻烦，他们想建立一个新阿姆斯特丹人民共同享有、共同治理、为他们自己服务的政府，但同时他们又不能接受社会平等这种荒谬的理想。总之，他们就像英国男爵逼着国王签署大宪章，他们想要削减国王的权力，只不过是想增加自己的权力而已。史蒂文森辖区的人民曾经强烈反对理事的独裁手段，而现在他们也开始寻找方法，来确保自己和自己的家庭能从最近的民主进展中分得一杯羹。新阿姆斯特丹的所有人分成了两派，一派叫大市民（Big Burghers），另一派叫小市民（Small Burghers）。接着，之前还互为死敌的两党现在开始悄悄合作了。大市民主要包括从前或现在殖民地最高政府的官员及其后代，新阿姆斯特丹市政府的官员及其后代，从前或现在的牧师及其后代，以及守卫官员及其后代。小市民主要包括出生在新阿姆斯特丹的市民、市民的配偶、有经营许可证的老板以及为市财政做贡献的人。

这种系统的出现，一部分是因为经济方面的需要。新阿姆斯特丹当时已经成为了方便的港口，所以总有许多诡计多端的骗子来到这里。他们到了之后就开始做生意，见着人就骗，一两个月后就不知去向。现在，这些人必须要缴纳五十荷兰银盾才能获得"小市民"的权利，才能在这里开店。政策实施后，这种人就远离了曼哈顿岛，没有了他们，这片土地上的人民当然就变得富裕了。

但从政治和社会的角度来看，这种蹩脚的独裁形式典型地反映了十七世纪人们的思想。别以为小市民不喜欢这种独裁，他们就喜欢投票选举上层人士，现在，他们有一张长长的候选人名单，可以方便地选出市镇长官、司法长官和其他官员。

古老的小镇客栈现在变成了正规的市镇大厅，屋顶系了铃，地下室改成了监狱。人们从这里经过时，总觉得自己是上层社区的公民。

同时，彼得也以自己独特的方式接受了这一事实。

市民赢了，他输了。

市民现在有权选举官员，但理事还是有权告诉他们应该选谁，如果市民接受理事善意的建议，那其实就跟以前一样，什么也没有改变。

但议会会议室的情况却大不一样了，镇里的釉工在里面忙活着。不久之后，新阿姆斯特丹终于实现了自己的梦想，有了漂亮的新盾徽。盾徽上画有三个十字架，代表荷兰的阿姆斯特丹；在盾牌的顶部还有一只海狸，它稳稳地站在那里，眼睛期待地望向天堂。

一切都如此可爱，市民们的热情一上来，还邀请亲爱的理事共进晚餐。理事竟然真的赴宴了，整个宴会他都很安静，甚至都没有致辞。

世界确实改变了啊！

第十八章 理事亮出了自己的奖章

目前为止，我还没有正式写到彼得·史蒂文森理事，我知道这有些荒唐。之前的内容只是描述了一个急性子的老人，他总是和一群商人就一些无意义的问题吵架，这些他打内心里鄙视的商人却恰巧是他要管理的市民。

之前只是提到他怎么四处游走，用藤条痛击懒惰无序的市民；又是怎样运用卑鄙却又合法的手段，搅得那些让他心烦的人不得安宁。在这本书里，其实都不值得为这样的人写那么一两页。

但关键是，他这个人还有另外一面。

经济独立似乎是新大陆居民自出生就拥有的权利，这种权利又滋生了政治独立，而史蒂文森是个守旧的荷兰人，要面对政治独立这种新精神确实很难。在他生长的环境里，人们对"小人物"都很鄙视，要让他将这些乌合之众看作在社会地位上与他平等的人，相当于说服五十年前弗吉尼亚的庄园主邀请田地中的黑人奴隶一起吃饭。同样，史蒂文森很难相信，那些男男女女们居然可以在国家政府中担任一官半职。这些人整天就知道和不穿衣服的土著人进行海

193

狸毛皮的交易，还在奴隶买卖中互相欺骗。

其实这也不能怪他，荷兰同胞中有百分之九十的人从来没有离开过本国，他们和他的观点完全一样。

当史蒂文森被任命为新尼德兰理事时，他想当然地以为不会有人和他讨论"平等权利"的问题。但是现在，不可能的事情居然发生了。藏匿在深处的经济力量每天都在起作用，但他实在是太不了解它们的内在性质了，所以无法理解怎么会发生这样的事情。所以他在犯错之后挣扎，挣扎之后依然无用，于是大发雷霆，但最终还是什么也没做成。

有一点他非常确定：发生的一切都不是他的错，他已经竭尽全力去阻止事态朝着危险的激进主义和民主（这两个词是近义词吧）的方向发展，但他确实控制不住场面。他曾经保护过一些人，使其利益不受煽动者的危害，但这些人最后也背叛了他。

很好，现在一切都了结了。他可以着手自己关心的事业了：保护殖民地不受越来越多的敌人的进攻。

这可是史蒂文森的拿手好戏。虽然他不太圆滑，但他意志坚强又充满勇气，他总是可以用更少的士兵和金钱取得更大的成就。就像玩国际扑克，虽然他手里的牌同花不顺，但仍然可以赢走赌注。

荷兰政府憋屈的时代已经过去了，现在他们不用再向英国部长解释任何事情了，什么"所谓的哈德逊河边的荷兰聚居点不过是胡说八道；荷兰的西印度公司之所以建立，是为了争夺西班牙和葡萄牙在南美和西印度地区的地盘；没有荷兰人会反对英国在

人们的公敌：土著人之战

新大陆建立弗吉尼亚公司"等等，都省去了。荷兰在北美的殖民地已经成为了不争的事实，所有偷偷经过新阿姆斯特丹、私底下和土著人交易的人都知道这一点。但一旦发生战争，荷兰能不能保护这片土地呢？这又是个不确定的问题，但史蒂文森准备给这个问题一个肯定的答案。

所幸的是，史蒂文森就任的前八年，荷兰和其他国家都能和平相处。弗雷德里克·亨德里克王子是沉默者威廉唯一幸存的儿子，他一辈子都活在战马上和军营里，后来于1647年去世。王子已经被无止境的战争搞得疲惫不堪，绝对有功于父亲的第二祖国，整个荷兰共和国也把他当作政治首领。在他的领导下，人们成功地反抗了西班牙。第二年，和平部长亲自见证了尼德兰七省联合共和国的诞生。在此之前，这个名字不过是一个礼貌的尊称，而现在它已经成为了欧洲最强大的国家之一。

公众借着宣布和平的机会好好庆祝了一场，但弗雷德里克·亨德里克的儿子——威廉二世王子——却一点儿都不开心。荷兰西印度公司的董事们也不高兴，因为西班牙和荷兰再次和平相处后，他们就失去了最重要的收入来源——虏获西班牙商船。威廉二世本来想跟随杰出的父亲、叔叔和祖父的步伐，但共和国军队总司令这一职位突然就变成了平民般的工作，之前的特权全都没有了。他是个骄傲又自负的年轻人，讨厌成为有名无实的官员。他名义上的主人都是些船主和做香料生意的人，他和这些人乏味的政策一点共鸣都没有。这些不幸的店主们一辈子就只有一个目标：尽量多赚钱。为了达到这个目标，他们还打算解散军队，不再组建新的海军，并友好对待世界上的所有国家。他们对和平的期望实在有些夸张，离国家很近的地方发生丑闻他们都不理睬。当时英国的奥利弗·克伦威尔（Oliver Cromwell）突然成了叛国贼，将大家当作神一样看待的国王查理一世拖到法庭，让一群清教徒的乌合之众审判国王。就此事，三级议会还是向英国国王表达了同情。但威廉二世的妻子是英国国王的女儿玛丽（Mary），他建议，在这种情况下荷兰这种自重的国家应该和英国断掉外交关系，并且发起战争来反对克伦威尔，但荷兰当局礼貌地拒绝了此类提议。即使后来可怜的查理国王被依法处决了，三级议会还是和护国公克伦威尔以及犯下弑君罪的英国人保持了友好关系。

这些事情对年轻王子的自尊心造成了极大的打击。接着，荷兰三级议会居然二话不说，解散了最近才在西班牙战争中获胜的军队（这样就进一步剥夺了他作为总司令的声望和收入）。威廉二世的耐心彻底耗尽了，他带领剩下的军队直接进入了阿姆斯特丹（阿姆斯特丹大力推崇以上的经济节俭政策），想在这片土地上称王。不幸的是，年轻的王子没过几天就去世了，但是这对于荷兰来说也许是幸运的事。威廉二世的儿子——也就是著名的威廉三世——在父亲去世几周后才出生，所以他在很多年后才继承了父亲的省长职位。而在这之前，共和国的统治权悄悄地被国内某个最高层的家族篡取了。于是，"世界和平，与所有人进行有利的贸易"这个政策成为了荷兰土地上的法则。

在当时的世界，人们都无法抵抗对金钱的欲望，而掠夺异教徒和出卖邻居都是很赚钱的生意，很少有人假装清高，对这种生意不屑一顾。在尼德兰七省联合共和国的每个角落，荷兰和英国都意见相左。在印度地区、美洲、地中海以及其他地方，荷兰的船长们都在为争抢当地市场和英国的船长们斗争着。英国的护国公知道，如果他不在本国与他国的激烈竞争中保护自己的人民，那他在位的日子就不长了。一国之君可以换来换去，但他们的工作是永恒的。然而，护国公和其他的统治者是靠革命上位的，他们没有有利的环境，如果要延续他们这种偶然赢得的权力，他们就必须要带来点"成效"。

克伦威尔为了保护英国的商业不惜牺牲其他国家的利益，这在英国商人看来很值得表扬，但却给沿海的邻居们带来了巨大的损失。自然，这些邻居们非常讨厌英国的这种做法，觉得这违反了他们的"合法权利"。1651年颁布的《航海法案》就非常符合时宜，法案规定：外国在向英国出口本国货物时，必须用自己本国的船只；所有从英国殖民地出口的商品，都必须用英国的船只运往英国。

这类规定在许多国家都存在，而从荷兰东、西印度地区殖民地出口的商品还是像以往一样，装载在荷兰的船只中运到了荷兰。荷兰一直都垄断贸易，扮演了全世界的中间商的角色，这种情况持续到了十七世纪中叶。他们认为，英国的《航海法案》主要就是针对荷兰人。其实他们猜的也不错，但是仅仅是这项法案还不可能引起战争。这时，护国公得寸进尺，拿英国和法国之间的摩擦作借口，要检查所有中立国的船只，看它们是否运输战时禁运品。

这个老掉牙的问题在过去的三百年间带来了许多摩擦，此时，它再次造成了人们对当时英法战争的反感。无论是过去还是现在，英国政府到底有没有权利将整个地球的水域都当作是英国理想化的湖泊呢？

无论是过去还是现在，这个问题的答案都很简单：只要英国拥有最强的海军，它就可以随心所欲地颁布和执行法令。

1652 年，英国和荷兰为了"谁在公海上说了算"这个问题打了起来，这是两国四场大战中的第一场。这场战争持续了两年，但问题依然没有解决。虽然荷兰在海战中失败的次数偏多，但克伦威尔考虑到某个政治上的问题，还是谨慎地收手了。他担心荷兰人会厌倦商界人士的独裁，而将还是小孩的奥兰治王子立为国君，这样孩子的母亲（查理一世的女儿）就会垂帘听政。1654 年，克伦威尔和荷兰的行政长官——或者可以称为"处理一切民事的部长"——简·德·威特（Jan de Witt）达成了协议。从此以后，表面上一切都与从前一样，但实际上，统治荷兰的那些有钱人必须保证，奥兰治 - 拿骚王朝的成员永远不得担任省长和共和国军队的总司令。

这场战争同时又给遥远的殖民地带来了什么影响呢？

当两国将军第一次在多佛尔（Dover）①交战的消息传到新阿姆斯特丹时，理事就发现自己的处境很尴尬：战争肯定会延伸到东、西印度地区，而他身边只有少得可怜的士兵和两队"小市民"，到时候他们又怎么能抵挡得住从马萨诸塞州和弗吉尼亚州入侵的几千

①英国东南部港口。

个英国人呢？史蒂文森之前视察过他管辖范围的边界地区，从中了解到了新英格兰居民的强大力量，于是开始意识到他是多么的无能为力。弗吉尼亚还不算太大的威胁，毕竟离得比较远。但新英格兰就在旁边，而且已经入侵到了他管辖范围的郊区，一天天地靠近这片荷兰殖民地。

当时，拿破仑的"大型枪械"还没有发明出来，决定战争结果的是步兵的数量。而当时新英格兰的人数是新尼德兰的十倍，如果欧洲的战争发展到了新大陆，结果就不言自明了：四个月之内，康涅狄格河到特拉华这片区域肯定会被英国人夺走。

但神奇的是，战争并没有发展到新大陆。史蒂文森已经意识到了邻居英国人的实力，英国人也完全明白史蒂文森的军事力量太弱。英国人本来可以利用这个绝佳的机会把新尼德兰据为己有，但他们没有。

到底是为什么呢？

我其实也不知道答案。但首先我们要知道，彼得在马萨诸塞州还是家喻户晓的。

1650 年，荷兰西印度公司的官员和从马萨诸塞州来的入侵者发生了冲突，于是双方都郑重考虑要划出一条确定的边界线，他们都同意指派委员会来修改地图，重新确定各自的领土。

史蒂文森还是像以前一样独立孤行，宣布要加入自己的委员会。就这样，他带着一队士兵庄严地踏进了"好望"要塞。此时的要塞已经只剩下一些土墙、一支旗杆和两三个荷兰人，周围几里之内全是英国人的农田。

尽管如此，固执的理事还是记下了他与来自"新尼德兰哈特福德"的英国管理员的这次会面。因为他的大胆无礼，也因为他的说辞更具说服力，最终他和邻居英国人达成了比较公平的协议。此后，长岛的一半地区就割让给了英国，康涅狄格州斯坦福（Stamford）以北的地区成了英国的领土。西边的边界线还比较模糊，但双方都达成一致意见，英国人绝不能出现在哈德逊河附近十英里的范围内。

十九董事会对理事的这项决定很生气，否定了这个条约，但由于他们一直不给史蒂文森派兵，也不出资，所以也没能阻止条约的执行。两国开战时，条约还具有法律效力。此时，公司礼貌地告诉理事，他们不能帮助他，所以他最好是尽力熬过去。

但正如我之前所说，虽然战争爆发了，却什么也没发生，这确实是个谜。我就应该借此机会发表演讲，表扬美国主义的优点，再向大家说明，美国大陆上的英国和荷兰居民决定：他们再也不想卷入双方祖国之间无止境的纠缠之中，只想继续在新大陆的生活，任凭欧洲的同胞相互残杀。但这些都是胡说八道。

我觉得这样说比较接近真相：殖民地居民没有打起来与其说是因为共同的目标，不如说是因为共同面临的危险。1652年，这个共同的危险就是脸上涂了颜料的土著人，他们可不是那些住在远方森林和群山中的愚蠢的土著人。

在白人来到新大陆时的多年之前，土著人对外来人员还是比较友好的。当然，所有的探索者都会说，这里除了土著人还是土著人。

有些土著人很残忍，喜欢打斗，就像他们喜欢基督徒的杜松子酒一样；还有一些土著人很温顺、很友好，所有的部落都在互相痛恨的背景下生活在一起。所以，很多时候他们欢迎欧洲人的到来不是因为他们性情温和，而是私下希望这些外来的魔鬼可以用高级的枪支在下一场部落战争中帮助自己。这样，在西班牙、英国或者荷兰大炮的支持下，他们肯定能取得胜利，还能以前所未有的方式掠夺周围可怜的部落。

白人一般都不知道土著人的这种心理，所以经常落入他们的陷阱。白人在某些部落战争中扮演了救世主的角色，像耍杂技一样呼风唤雨，有时他们只用一小桶火药就可以被称为伟大无敌的上帝。土著人很崇拜他们，于是总会为他们提供大量的海狸毛皮和钢锭。

这些土著人既没有发明轮子，数数的时候也只能用十根手指。他们到底是蠢到极点的笨蛋，还是聪明的野人？这个问题我不准备在这本书中作答。但一般的土著人还是有点智商的，他们还是可以看出一些问题：欧洲的朋友们走路大摇大摆很神气，但他们的弹药布袋却只有前面有刺绣；这些欧洲人虽然貌似有法术，但腿还是像脆弱的黏土一样，很容易就折了。总之，这些铁一般的欧洲人虽然嘴巴甜、文件说得好听，但实际上比大多数土著人高贵不了多少。而且，他们来到新大陆只有一个目的：窃取土著人的领土，偷走土著人的女儿。如果遭到抵抗，他们还可能杀了土著人。总的来说，普通土著人都太无能，没有力量做出真正意义上的抵抗。而且他们都是绝对的个人主义者，各个部落不可能联合起来将欧洲入侵者赶

第一代土著人——崇拜欧洲人

出他们共有的国家。但迫害总会引起暴乱，所以土著酋长们一改往日的温顺，变成了冲动的年轻人，他们大摇大摆地走到白人聚居地，朝白人扔燧发枪。在他们喝了酒还能说话的时候，他们就会告诉村里的懒汉，这片土地真正的主人是他们土著人，白人的统治马上就要结束了。

第二代土著人真的很悲惨，每个人对他们的评价都很差。不仅如此，所有人都知道，第二代土著人身上缺乏了第一代土著人的优良品德，而且他们还没有时间去学习这些品德，所以不能传到第三代了。

第二代人总是如此悲剧。

就拿我们自己的第二代人来说吧，他们总让善良的市民担心。第一代移民是多么优秀啊！他们工作很卖力，还从来不越俎代庖。有人帮了他们小忙他们都会很感激。一想起自己已经脱离了从前欧洲的贫困农场和贫民窟，来到了愉快的格兰街（Grand Street）居住，他们脸上就充满了开心的笑容。

但第二代移民却是只会天天吼叫的禽兽。

父母感激新生活，他们却嘲笑父母的做法。

他们从来不会尊敬任何人。

他们似乎讨厌任何与自由、平等、人人享有机遇相关的理念，然而，正是这些理念才让他们的祖先们冒着危险登上了古老的移民船只，忍受了漂洋过海时船里的黑暗和臭味，来到了新大陆。

十七世纪的荷兰和英国居民在看待这些第二代土著人的观点上

意见一致。白人将不要的马裤送给这些自负的土著年轻人，还教他们有关上帝的知识。这些土著人还经常接受白人医生的治疗，得以康复。但他们从来都不理解白人的好意，相反，他们以怨报德，对白人采取暴力，明显地显示出他们对白人的蔑视和仇恨。

问题就在于，第二代土著人很快就开始对白人产生质疑。在第一批欧洲移民到来之后出生的土著人，一点儿都没感受到父辈对这些外国人的敬畏，并没有把他们当作万能的神。在他们看来白人跟土著人差不多，只不过欧洲的太阳比较弱，他们长期在那种太阳下皮肤肯定会比较白。欧洲人也很聪明，可以将物理家和炼金师无害的实验品变成可怕的杀伤性武器。但在其他方面，他们与摩霍克族人等土著人一样，既残忍又贪婪。

第二代土著人还有很危险的一点。他们开始意识到，父辈在他们还不懂事时就剥夺了他们对土地的继承权，剥夺了他们狩猎的场地，剥夺了他们捕鱼的水域，剥夺了本该属于他们的所有东西。父辈们总是很愚蠢地相信欧洲人，他们用这些东西换回了几箱带有亮片的衣服，这些衣服在欧洲任何一个十分钱商场都能买到。有时第二代土著人会憎恨父辈们当初的做法，本来是自由身，现在却成为了受雇于白人的苦力。白人还会写一些貌似深沉的文件，文件所使用的语言两千年前就已经没有人使用了，但这些文件经过了魔术般的处理之后，居然让白人拥有了本该属于土著人的所有东西。

这一切都很复杂。

第二代土著人知道，在辩论方面自己不是白人的对手。白人的

第二代土著人——抵抗欧洲人

诡辩可以把白的说成黑的，明明是直立，他们可以说你是倒立。

虽然如此，第二代土著人还是打心里觉得自己被欺骗了，如果再不采取行动就为时已晚。可能现在采取行动也已经来不及了，因为白人现在已经修建好了要塞，安好了大炮，还准备好了行动快速的船只和马匹，以及钢制的刀剑。

但白人也并非刀枪不入。要杀掉一个白人可能会用到许多弓箭，但不管用多少箭，白人始终还是可以被杀死的。

如果土著人继续拖延，不采取行动取回上天赋予他们的财产，就会有更多的白人漂洋过海来到新大陆，到时候要杀死这些白人就更困难了。在深思熟虑之后，土著人决定打破前四十年与殖民地居民和平相处的局面，在接下来的四十年中同他们斗争。战争持续的这段时间，第二代土著人想要纠正第一代土著人犯下的错误，竭尽全力将白人赶出新大陆，收复属于自己的土地。

土著人深信，他们是为了打败共同的敌人才克服了各部落之间长时间的憎恨，形成了联盟。

就在这时，欧洲各国的代表相聚在了新大陆的沿海地区。这是史无前例的，因为他们面临着共同的危机，不得不在行动和思考时将自己看作是整体的美国人，而不是单个的欧洲某国人。

我这么说并不意味着这些代表们都是超人，可以突然丢掉之前所有的偏见和仇恨，他们是绝对不可能这样的。

新英格兰和新尼德兰互相讨厌，他们又同时都憎恨邻居加拿大人。但时间一长，大家开始清楚地明白：所有欧洲人——无论种族、肤色、之前为谁效力——都面临着被土著人打败的危险。只要欧洲各国之间发起战争，土著人就有机可乘。

这个理由看似牵强附会，但后来确实成为了大家所接受的事实。如果大家没有共同的危机感，没有感觉到身后的这种威胁，说不定殖民地居民之间早就打起来了。

而事实上，聚在一起之后，新英格兰、新尼德兰和加拿大殖民地互相指责对方与土著人私下结盟，都声称自己是清白的。但双方都没有上战场，所以也就没有打起来。

史蒂文森在新阿姆斯特丹周围多修了几堵矮墙。约翰·昂得比尔（John Underbill）船长召集了一群志愿军赶向长岛，发起革命来抵制荷兰的暴政。后来，他因此被几个治安官抓了起来。这时史蒂文森考虑到自己处于弱势，觉得可以借此机会展现荷兰人慷慨的个性，于是他把约翰放回了新英格兰，还送去了赞美和问候。若非如此，约翰就会被依法绞死。

但昂得比尔却没有因此消停下来，他把自己定位为自由的拥护者，劝说罗德岛的联合大会任命他为大会军队的总司令，并出兵新阿姆斯特丹。带着二十三个人（他能召集到的就这么多了），他行军到了被遗弃的"好望"要塞。要塞此时已经无人驻守，所以没有任何抵抗能力。占领要塞后，他们将其公开出售，然后这一行人就回到了各自的家中。这就是双方战争的结束。

所以，一直到最后，什么也没发生。但世事皆利弊并存，这次获利的一方当然是史蒂文森。就在所谓的战争爆发前，三级议会命令理事去见调查董事会，回答东克案件中的问题。之前我讲过，十九董事会悄悄暗示理事，让他留在殖民地不用过来。但三级议会第二次发出了命令，比之前更急迫了，所以史蒂文森不能再次置之不顾。就在这时，战争突然爆发，海上也不安全了，所以史蒂文森找到了绝佳的借口，不用遵守官方下达的命令。战争结束后，新尼德兰仍然属于荷兰，所以史蒂文森就可以摆出一副救世主的样子了。

不管东克案件的真相揭露出来之后史蒂文森的名声遭到了多大的损害，他现在的英雄事迹已经盖过了他所有的过错。他管辖范围内的英国居民也想参与到殖民地管理中，于是组成了所谓的制宪大会。由于他们缺乏机智，在从独立的新阿姆斯特丹寻找大会代表时，他们拒绝理事手下的代表进入（他们说，这是因为他们虽然愿意承认自己是荷兰政府的公民，但却不愿意承认自己附属于西印度公司）。史蒂文森对此的反应一如寻常，气得又跺脚又喘粗气，他说这些人都是些卖国贼、恶棍。这些人之前派了一位代表去会见三级议会，史蒂文森此时拒绝这位代表回到殖民地，最后他还关押了这次起义的几个领导人。荷兰国内对他此次的做法没有任何异议。

不仅如此，西印度公司的经理们还表扬了史蒂文森，他们在信的结尾告诉他，以后在处理类似事件时不用再过多考虑。

这些鼓励性的话语无疑让固执鬼彼得十分开心，那些民主派和全民政府的倡导者在他任职的前八年可没少说他的坏话，他高兴得甚至都忘记了这些事。

第十九章 理事踏上了战争的道路

　　阿姆斯特丹和安特卫普这两个地方一直都是竞争对手。安特卫普比阿姆斯特丹历史悠久，但直到十三世纪荷兰渔业大力发展的时候，这里才变为城镇，因此安特卫普被称为"建在鲱鱼背上的城市"，这个名称还是比较恰当的。抵制西班牙的那段时间，安特卫普也是第一个发起革命的城镇，比阿姆斯特丹和西班牙断绝关系早了很多年。当时，各种新教宗派开始在安特卫普附近举行会议，使得市里的地方法官驱赶了所有的天主教徒。这次的成功给了他们很大的鼓励，于是他们得寸进尺，听从疯狂教徒的意见，帮助了许多神学怪人，市民因此遭了大殃。

　　革命之前，安特卫普城里头脑冷静的商人们开始感觉到，人们的精神已经紧张起来了，如果这种情况持续下去，所有人都会疯掉。可怜的鱼贩子、菜贩子们仅仅因为阅读圣经，就被西班牙宗教裁判所的刽子手拉去绞死。这是那些商人不愿意看到的，所以他们极力抵抗焚烧和关禁闭的做法，以至于后来西班牙政府不得不改变政策。但现在他们又感觉到，革命后人们走向了另一个极端。阿姆斯特丹

210

的市镇大厅里总会突然冲出再洗礼派教徒，这些人还想统治城镇，把这里变成另一个美纳斯特镇。此时，阿姆斯特丹的命运成为了商人们眼中重要的事情，他们没有让城镇因此遭殃，而是赶走了那些疯狂的宗教分子。但革命总是有起有伏，这时天主教又卷土重来，掌控了法律和秩序，扫清了城镇里所有令天主教徒烦心的加尔文主义者。这些加尔文主义者只有两个选择：要么被放逐，要么重新改信天主教。有些人对待新信仰的态度很认真，不会选择改信天主教，所以他们只能选择逃走。

逃走时，这些人能带走的只有身上的衣服和聪明的头脑。后来事实表明，只要聪明的头脑还在，其他东西几个月或者几年就赚回来了，所以损失不大。如果把当时情况比喻成玩牌，那这些难民确实暂时处于劣势，而且国内已经是非颠倒，绿色的筹码似乎变成了紫色，紫色的筹码变成了粉色，粉丝的筹码又变成了黄色。但他们毕竟是玩牌高手，不管筹码和手中的牌怎样，他们都可以很快重整旗鼓，赢得最大的赌注。

阿姆斯特丹此时已经意识到，安特卫普人有很强的商业能力。阿姆斯特丹的居民曾经以为，这些难民只是像走亲戚一样来北方过一段日子，所以还是很欢迎他们的。可是后来（前面某章我提到过这个事情）这些难民一直就留在了阿姆斯特丹，并且从最开始的阁楼搬到了二楼背面偏僻的地方。后来他们搬到了一楼的正面。再后来，又买下了整套房子。最后，他们居然买下了整个街区，用来作为他们不断攀升的商业的办公室和仓库。此时阿姆斯特丹的居民才察觉到了事情不妙，于是他们想尽办法把这些弗兰德的亲戚逼上破产法庭。从斯凯尔特河（Scheldt）①过来的难民们接受了此次挑战，好好地和当地人斗争了一把，他们以牙还牙，回击力度很大，荷兰的对手们差点儿被打败出局。这些安特卫普人心灵手巧、勇敢、有远见，这些优点在小镇居民身上是很难找到的。但最后，因为他们始终是寄人篱下，所以还是失败了。然而他们为荷兰的商业做出了很大的贡献，并且进行了多次海外航行。这些航行让许多荷兰贸易公司（这些公司都很排外）感受到了挫败，具有永久的商业价值和地理价值。

在斗争的最初，西印度公司幕后有一个叫威廉·乌瑟林克斯（Willem Usselincx）的人，如果股东们当初听从了他的意见，公司的故事就会大不相同。但那些因小失大的金融家们已被东印度公司的巨大财富蒙住了双眼，他们不能理解，住着独立居民的社区（乌瑟林克斯最初就这样看待美国殖民地的发展）怎么会产生与养殖动物毛皮的荒原同样多的利润。他们也不能理解，由所有股东共同管理的有限公司怎么能同由少数董事独裁的公司一样盈利。所以这些人公开抨击了乌瑟林克斯的意见，认为他是情绪化的理想主义者。乌瑟林克斯深信，土著人也有不朽的灵魂，这是金融家们不能接受的，于是他被赶出了国门。

乌瑟林克斯其实是一位很虔诚的基督教徒，还比较关心土著人。他也是殖民地一流的推进者，在发展方面，他想到的是所有大洲，

---

① 欧洲西部河流，发源于法国北部，流经德国和荷兰，注入北海。

而不是一些小村庄。他也是第一个有国际意识的人。当初荷兰不愿意支持他的计划，于是他来到了瑞典，在那里建立了荷兰瑞典贸易公司，这样他就能拥有足够的资金去美洲大陆完成他的计划，这是荷兰不能提供给他的。

乌瑟林克斯把行动基地定在了特拉华河的河口，这片区域在南部，新阿姆斯特丹建立之后就已经被荷兰人深入发掘过了。为了保护这片地区，荷兰移民还修了名为"拿骚要塞"的碉堡，就位于现在费城南部四英里处。但是，当初没有移民愿意来到这片荒芜的地区，所以也没什么真正需要保护的，于是1625年——也就是要塞修建的两年之后——这里就停止使用了。

英国人后来从弗吉尼亚不断向北推进，最终发现了这个已被遗弃的要塞，于是就自己派人开始驻守这里。用"卫戍部队"来形容这些驻守的人可能有些奉承的嫌疑，其实就只有十五名士兵而已。当时特维勒理事听说了他们的到来后，派了一船的荷兰水手去往拿骚要塞，把这些英国人关了起来。之前提到的德弗里斯船长，他总是出现在需要自己的地方，这次他又扮演了和平天使的角色，将那些被抓的英国人放回了弗吉尼亚。他还说服北上的英国人和南下的荷兰农民要睦邻相处，做西印度公司忠诚的人民。

1628年3月初的某天，两艘飘着瑞典国旗的船只沿着特拉华河航行，停在了拿骚要塞南部，这震惊了当时的宾夕法尼亚居民。指挥这次航行的正是我们的老朋友——彼得·米努伊特，就是他在几年前从土著人手里买来了曼哈顿。他解释说，这次他只停留几天，补充好船上的水源就离开。但是，他把水桶拿上岸后却再也没离开过。接下来，船员们挥着锤子和锯子忙活了好一阵，克里斯蒂娜要塞（Fort Christina）的围墙就此完成，并且成为了新瑞典殖民地的首都，英国人和荷兰人都惊呆了。

从哈特福德的要塞寄出

十九董事会急忙开始调查瑞典的这个新公司，他们发现，瑞典公司的董事中有一位是西印度公司之前的董事，而且领导人中还有他们的一位前理事。他们还发现，幕后的策划正是威廉·乌瑟林克斯，而且，瑞典人想将佛罗里达到新西兰的这片沿海区域全部作为公司的基地。不仅如此，随米努伊特一起来到新大陆的二十三个人当中，只有一个人是瑞典人，其他全部都是荷兰人。十九董事会对此事表示惊讶，但他们可能早就知道，这种事情迟早都会发生：这片土地十分适合欧洲的殖民地发展，荷兰人想保持这里荒原的状态用于养殖带毛皮的动物，基本上是不可能实现的，而且这也违反了自然规律。在瑞典公司到来之前，竞争对手主要是英国人，现在又来了一群与英国人一样难缠的敌人。此时在瑞典国内，新教的拥护者已经占据了上风，他们因为在之前的"三十年战争"[①]中获得了胜利而地位大升，并开始做起了帝国梦。普通的瑞典人一直都认为自己是北欧的救世主（事实也是如此），他们当然觉得自己有权在宽广的新大陆分一杯羹，况且，那里现在还不属于任何人。十几个瑞典资本家看到了国内人民的利益，大受鼓励，于是买下了几位最初的荷兰投资人在新大陆的资产。恰好彼得·米努伊特在五月角（Cape May）[②]遭遇暴风，不知去向，他们开始考虑把整个特拉华归入新瑞典。为了达到目标，他们占领了卡西米尔要塞（Fort Casimir），这个要塞也属于荷兰西印度公司，处在稍微偏西的地方。之后他们便

---

①1618年至1648年全欧洲的一场国际性战争，由神圣罗马帝国的内战演变而成，以哈布斯堡皇室战败，签订《韦斯特法利亚合约》结束。
②也译五月岬，美国新泽西州南部城市。

找国内居民移民到殖民地，但此时他们遇到了从前荷兰人遇到过的困难，这一点大家都很熟悉：虽然瑞典人在许多战争中打败了波罗的海的邻居们，并因此获得了更多的土地，但是他们却找不到足够多的瑞典人来这里居住。一个斯韦阿兰（Svealand）^①的农民在波的尼亚湾（Bothnian Gulf）^②对面有一个舒适的新家，他又怎么会坐船穿过三千多英里的大海，去一片荒芜的新大陆呢？

即使有诱人的招股说明书，又修建了许多教堂，还请来了路德教会的牧师（牧师美嘉伯伦斯称这些牧师都是"可怕的无赖"，他想到这些人就住在他周围，心里就恐惧不安），甚至还有免费土地的承诺，但这些诱惑政策都没有让瑞典的殖民实验成功。瑞典国内没有过多的人口，所以没人愿意在那片遥远的异域寻求发展机遇。

并且，当时瑞典国王古斯塔夫·瓦萨（Gustavus Wasa）^③的鼎盛时期已经过去，随之而来的是瑞典女王克里斯蒂娜（Christina）^④统治下的萧条时期。女王虽然是路德教会首领的女儿，但有迹象表明，她开始倾向天主教这一异教，这十足地吓到了欧洲所有的新教徒。她在 1654 年主动退位（她想用余生来进行天主教的沉思，后来还判处了法庭某官员死刑），此后，国内的繁荣景象已完全不复存在。下一任统治者【德国贵族普法尔茨－茨魏布吕肯（Pfalz-Zweibrücken）家族的堂弟^⑤】在任期间，瑞典的外交政策一直不稳定，

---

① 瑞典的发源地，历史发展核心区域，位于瑞典中南部，斯德哥尔摩即在此区域内。
② 波罗的海北部海湾，位于瑞典和芬兰之间。
③ 瑞典国王古斯塔夫一世，1523年至1560年在位，瓦萨王朝的创建者。
④ 克里斯蒂娜·奥古斯塔（1626—1689），古斯塔夫二世·阿道夫之女，1632年至1654年间任瑞典女王。
⑤ 即卡尔十世·古斯塔夫，1654年至1660年间任瑞典国王。

北欧的和平受到严重威胁，而且很多同盟国也和瑞典反目成仇。

女王的堂弟信誓旦旦地要将波罗的海变成瑞典的湖泊，这激怒了北海附近的国家，荷兰还主动派出海军去支援丹麦（当时丹麦差点儿就被征服了）。荷兰这样做，其实是担心瑞典胜利后，他们就再也不能与波兰和立陶宛进行谷物贸易，也不能从中获利了。

史蒂文森在看待特拉华河的瑞典人时，一直觉得他们不可饶恕地侵犯了他的权利（正如英国人认为哈德逊河的荷兰人不过是在英国人的地盘上非法狩猎），于是他以荷兰和瑞典的战争为借口，要赶走殖民地的这些瑞典入侵者。

但他这样做不仅是为了赶走瑞典人。在新大陆东边的边疆地区，荷兰人和英国人的关系不断恶化，史蒂文森希望，一次短暂而成功的军事行动不仅可以赶走瑞典人（这个敌人比较弱），还能起到杀鸡儆猴的效果（这是对于比瑞典人强的敌人而言的），这样，他就可以在这场斗争之后多享受几年清静的日子。

他非常仔细地制定出了对抗瑞典人的方案，拦下了所有经过的荷兰船只，逼迫船员为他效力。于是他有了六百名手下，他带着这些人朝着特拉华前进。出发时，牧师美嘉伯伦斯还为这次启程做了祷告。不到一个星期，他们就攻下了卡西米尔要塞，牧师就在要塞内布起道来。三天后，也就是 1655 年 9 月 15 日，瑞典理事签订了和平条款，将这片土地割让给了荷兰人。

史蒂文森当时对瑞典很好，因为他知道，他开给瑞典的这些条款是整个殖民地的居民都在关注的事情。愿意留下的瑞典居民都获得了所有的人身和宗教自由，他们可以继续从国内带来自己的路德教会牧师，还可以使用瑞典语。这一切听起来都很美好，但有一个问题：荷兰西印度公司本来就在南美遭受了巨大的损失，这次与瑞典的小战争差点儿就让公司倒闭了。听说了阿姆斯特丹想投资自己的殖民公司的传闻之后，西印度公司的十九董事会立刻游说市政大厅的同僚们，让他们买下特拉华地区并进行整体开发。西印度公司的董事们十分缺乏对殖民问题的理解，但是他们毕竟还是很会做生意。于是，他们以十倍的价格将新瑞典卖给了阿姆斯特丹的市政官员。售出后，他们就等着看好戏了。

但最后什么重要的事都没有发生，这个名为"新阿姆斯托（Nieuwer-Amstel）"的公司一直都没发展起来，也是因为之前一直提到的原因：缺少所需的移民。十年后，大家都忘记了这个公司，于是它与新尼德兰一起被割让给了英国。这就是瑞典昂贵殖民实验的结局。

虽然已经打败了瑞典人，但是曼哈顿这边的情况还是很不顺心。彼得凯旋归来，却发现迎接他的是另一个烦人的消息：在他离开时，土著人向他们发起了战争。

土著人的这次起义，完全是因为一个荷兰人犯下的错误。这个人是西印度公司之前的员工，因为和理事长期争吵而深感痛苦。他就是前财长范·狄克，理事当初把他踢走，提拔了填荷文。一天，狄克发现有一个土著妇女在他的花园里偷桃，他在毫无预警的情况下拿起枪杀死了这个妇女。土著人似乎也一直在等待这种事情发生，

218

好作为借口发起战争，刚好"木头腿"史蒂文森也不在，这可是绝佳的成功机会，终于可以摆脱这些白人带来的负担了。于是，周围的土著人突然全部涌入新阿姆斯特丹的街道。第二代土著人看起来好像动真格了，但他们还是很脆弱，当天晚上，当地居民为他们提供了喝不完的杜松子酒，还许下了很多承诺，他们的心顿时就软了。后来土著人还被说服到诺顿岛（州长岛）过夜，等待第二天早上白人对他们索要的赔偿做出回复。

漫长的夜晚里，周边地区依然还有暴动发生。此事都因狄克而起，他这时不知被谁的暗箭射中，一命呜呼了。还有一些荷兰人被砍成了许多块，周边的一些农场也被焚烧。接下来的三天内，土著人的起义从新尼德兰的一端横扫到另一端，大约死了一百个居民，还有二十多个被土著人抓起来当了人质。

可是突然，这次起义就这样结束了，就像它突然兴起一样。因为土著人一直以为荷兰和瑞典人之间的战争会有很多困难，但战争却很顺利就结束了，一颗子弹都没有浪费，特拉华地区就又回到了西印度公司的手中，"木头腿"很快就回到了新阿姆斯特丹。

在谈判和平条约时，土著人用手中的人质作筹码，想让条款变得对他们有利一点。史蒂文森此时又和镇议会的议员们吵了起来(议员们又开始抱怨税收太高)，他和他们总是两周一吵。所以，理事抱着"过去的就让它过去"的态度，没有提出过分的赔偿要求。

几年后，伊索珀斯（Esopus）村庄（今天哈德逊河边的金斯顿）又与土著人发生了冲突，似乎是因为当地居民把酒卖给了一些不守

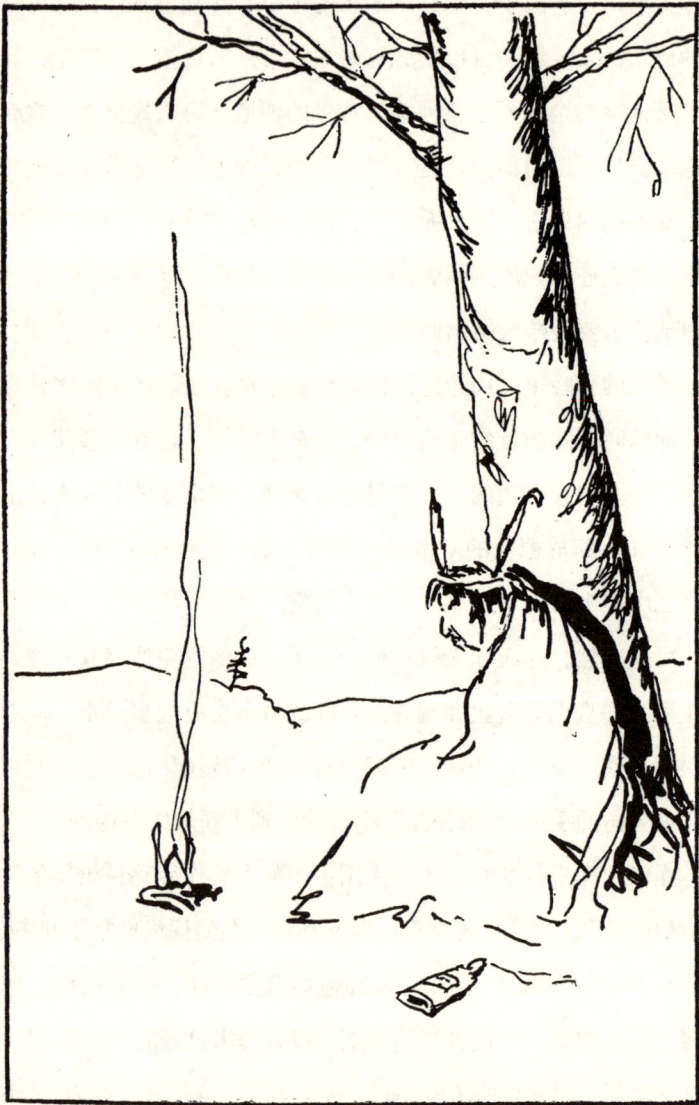

第三代土著人——就此罢休

规矩的恶棍，这些恶棍喝得醉醺醺了之后，居民开枪打死了他们，悄悄将他们送上了天堂。

如果这件事放在五十年前，可能没有人会注意。但新一代的土著人却对谋杀这种事情很敏感，于是私下开始报复。接下来的七年间，他们制造了许多麻烦，总有农场在冬天的晚上莫名其妙地就着了火；有些农民去了市场后就再也没回来；西印度公司的小队士兵总是在荒原上莫名失踪。终于，1663年，在没有任何导火索的情况下（至少没有人知道有任何导火索），土著人突然涌入伊索珀斯，杀死了二十四位居民，囚禁了五十五人，村里的居民完全没有防御能力。这次突袭持续的时间很短，幸存者还没有反应过来发生了什么，一切就已经结束了。

有了前几次的经验，史蒂文森不用再去听市议会里的那些反对他的议员们喋喋不休了，他知道该怎么做，并采取了平稳又有效的措施。几周后，伊索珀斯的土著人酋长们就被西印度公司的士兵搜索了出来，他们来到新阿姆斯特丹要塞签订和平条约。从这个条约可以看出，土著人在殖民地东部的力量已经永远消失了。从此以后，任何土著人都不得出现在除了新阿姆斯特丹和奥兰治要塞以外的白人居住地。如果土著人想出售皮毛，他们必须去白人指定的中立场所。于是，新尼德兰成为了白人的天下，土著人受到警告，不得进入这片地区。

这个和平条约于1664年5月16日签订，从那一天起，土著人就正式从这片地区消失了。

白人的酒和他们带来的病菌将土著人彻底赶走了。

弱小的土著人很快就沦落为邋遢的乞丐，有些人只能常年参军，耐心等待从白人的餐桌上掉下来的一些残渣剩饭。

较为强大的土著人干脆搬走了。

就这样，他们悄悄地消失在了森林中，被人们永远遗忘。

第二十章　查理·斯图亚特和彼得·史蒂文森

1658 年 9 月，奥利弗·克伦威尔离开了人世。第二年五月，他的儿子理查德（Richard）也辞去了护国公一职。整整一年后，查理·斯图亚特回到了祖国，成为了国王，被称为查理二世。他继位后便开始背叛英国国教，并最终加入了罗马天主教，这件事永远和他光荣的王政复辟史联系在一起。

如果有一个国家是查理鄙视的对象，那这个国家就是荷兰。在伍斯特（Worcester）战役中被克伦威尔打败后，查理不得不逃到了欧洲大陆。他和哥哥路易斯（Louis）生活在一起，日子很苦，但他并不在意（虽然 3000 美元一个月的工资确实少得可怜）。查理细数着自己住在布雷达（Breda）①小镇上的无聊生活，就在此时，上帝帮助了他：护国公去世了。斯图亚特王朝因此可以再次出现在荷兰共和国内，还有希望从荷兰海牙的亲戚那里借点零花钱。

但查理之所以如此痛恨荷兰，其实还有其他政治方面的原因。

---

① 荷兰南部城市。

荷兰的统治阶级都是富商，在他看来，这个国家不过是一个"有舰队保护的账房"。这些统治者和查理的杀父仇人结下了友好条约，条约中某些条款还规定，查理的姐姐玛丽（Mary，奥兰治－拿骚王朝已逝王子威廉二世的遗孀）的后代永远不能在尼德兰七省联合共和国拥有任何官职。查理来到荷兰后，特别就此提出了要求，于是三级议会终于撤消了这项冒犯性的条款，并允许查理借此次凯旋归国的机会向荷兰借一大笔钱。尽管如此，当查理从席凡宁根（Scheveningen）①出发回国继承王位时，他还是发誓要为自己在荷兰所受的羞辱采取报复行动。他还说，只要报复成功，他这么多年所受的苦难得到了补偿之后，他自然会尊重荷兰。

世界上还有一个地方是查理不太喜欢的，那就是新英格兰。"新"英格兰全是英国的难民，他们厌倦了"旧"英格兰查理父亲的暴政，甚至热情引诱国王的法官们也前往新大陆。而且清教徒一直都反感英国国教，而在所有正常的英国人看来，国教才是一个有教养的人应该拥有的宗教信仰。

因为难民们犯下的这两个错误，查理有意要惩罚他们。但查理是个很随便的人，只要他将秘密计划告诉情妇，英国所有的部长就会知道他想干什么了。

因此，1659 年年中，新大陆的英国和荷兰居民就了解到，查理国王将要派三名国教的大主教来到马萨诸塞州、罗德岛和康涅狄格

①紧邻荷兰的海牙。

州。他们还知道，国王突发慷慨之情，将北美中部的某块地赠送给了他亲爱的兄弟——约克公爵詹姆斯（James）[1]。詹姆斯在保皇行动失败后就逃离了荷兰，众所周知，他倾向罗马天主教，所以在新大陆信奉加尔文主义的要塞中，他过得并不开心。

但是当英国的人们想要证实这一消息时，查理否认了一切。十九董事会也调查了此事，他们向史蒂文森保证，什么事也没有，他完全不用杞人忧天。而史蒂文森呢，由于他是一个弗里斯兰人，天性多疑，怎么都安不下心来。此时正是他理事生涯最困难的时期，从前顺从的人民现在不知受了新大陆的什么奇怪影响，变得很难管理。起初，人民想要独立，他就批准（有时理事会用"批准"一词来自我安慰）人们参与到政府的工作中。现在，很多市民又说他们不在乎统治者是英国国王还是荷兰西印度公司的董事，因为反正他们也不想回荷兰了，而且新大陆已经成为了他们的家，欧洲对他们而言已经没有任何意义了，况且西印度公司已经忽视他们这么多年，也无所谓了。他们还说，如果这些话听起来像煽动性的言论，那理事也只能接受。

市民已经受够了英国和荷兰的明争暗斗，如果英国人想占领这里，没关系，随便占。荷兰的十九董事会从来没有现身过，只是寄来一堆信件，浪费大把时间讨论法律中荒谬的某一小点。他们总是管一些日常生活中的小事（比如为去往长岛的渡船定运费，为当地

---

[1]詹姆斯二世（1633—1701），英国最后一位天主教的国王，约克公爵是他的封号，此封号经常被授给英国国王的第二个儿子。

酒吧规定关门时间），而一旦国内有了麻烦，或是又被卷入了战争，他们就完全不管殖民地的居民了。由此看来，英国人说不定还能比十九董事会好一些。

事情变成了这样，的确非常悲哀。于是到了1666年，只有一个人还坚持维护着祖国荷兰的事业，讽刺的是，他还瘸了条腿。1665年，几支军队从东部入侵了荷兰的长岛，并威胁要掠夺新阿姆斯特丹，杀死荷兰人。此时，昏沉沉的市议员才被召集起来，想办法采取行动。议员们勉强答应与理事见面商讨防御计划，但一直以来都没有足够的资金进行防御。市镇长官认为，如果理事可以从十九董事会那里获得啤酒贸易的垄断权，就能凑齐资金将曼哈顿岛的低处都围上城墙。

天啊！请告诉我，这不是荷兰光辉历史的一部分！

但这还只是开始，更糟糕的还在后面。

东克的案件引起了人们对新大陆一时的兴趣，但此时这种兴趣已经自然消失了。荷兰国内最有头脑的人和充足的资金再次投入到了强势的东印度公司，几乎没有人关心新尼德兰发生了什么。

1664年8月28日，四艘英国军舰进入纽约港口，停靠在奈亚（Nyack）小镇[①]的前方。此时，人们才惊慌失措地采取了一些措施，这些措施十分滞后，就像已经死亡的微生物的反射动作。

英国人要求新尼德兰的居民立刻投降，而真正反抗英国人的只有固执鬼彼得。他向四方派出信使，想召集殖民地所有强壮的男丁

[①]美国纽约小镇。

慌乱

前往新阿姆斯特丹，以防守"家园的门户"。但这不过是在浪费时间和精力，最后一个人也没来。

于是，他再次派信使去找独立的伦斯勒维基克庄园主，请求他去往奥兰治要塞，告诉戍守军队尽快赶往曼哈顿。但庄园主只是回了理事一封简短的信，信中礼貌地说，他认为新阿姆斯特丹的那几艘英国军舰可能并不会伤害到任何人。所以，庄园主也没有帮助位于哈德逊下游的史蒂文森。

这时，理事开始清点自己士兵的数量，查看镇里的军事防御，列出了大炮和枪支弹药的清单。他发现，现有的资源只够与理查德·尼克尔（Richard Nicolls）[1]装备良好的舰队抗衡三个小时。

在这种违纪情况下，他使出了看家本领：装出很体面的姿态，给敌人下马威。他写了封言辞专横的信送给了英国指挥官。他想要知道，英国突然出兵到如此友好的荷兰殖民地有何用意。

尼克尔很简短地回答说，他接受英国国王查理和查理的兄弟约克公爵的命令，前来收复原本就属于英国的殖民地，这片殖民地的名字是新尼德兰（他还说，殖民地既然是英国的，那这个称呼也就错了）。

尼克尔的回复很礼貌，礼貌到了侮辱人的地步，而且还没有给史蒂文森留下任何可钻的漏洞。

虽然如此，理事还是决定再试一次。第二天一早，由市民组成的委员会被派到了海湾附近，与入侵者进行协商，并要求英国人给

---

[1]英国舰队指挥官。

出口头的解释。

1664 年 8 月 30 日，星期六，委员会协商归来，镇里临时组成了官员小组，听委员会带回的消息。他们说，事实上他们与尼克尔并没有谈开。尼克尔很和蔼可亲，但他一直要求镇里的居民无条件地立刻投降英国。当初理事写信责问他，到底哪条条约或什么权利让他入侵这么一个和平的国家。尼克尔这次对委员会的回复正如他之前回复理事时所说的一样，他说他是受命来新大陆收复殖民地的，而不是来和当地人讨论的，而且"如果有人想讨论此事，最好去找远在伦敦的英国国王"。

这个答复并不能让理事满意，但至少又争取了一天的时间。看起来，英国人似乎没有准备让军队上岸，于是史蒂文森决定用接下来的几天好好展示一下小镇的力量。他以为，英国人如果看到几百人修筑堡垒、运枪、将泥土装上手推车，或许就会被吓回波士顿，但事与愿违。为了保持人们的勇气，他告诉市民，尼克尔上校已经在前一天答应给代表团一封解释信，虽然这封信还没到，但可以肯定的是，这封信会解释清楚这次误会。

其实这封信已经在他的包里了。尼克尔在信中承诺，他会尊重殖民地居民的所有权利，但如果城镇和要塞拒绝投降，这些人就会被严加处罚，并尝到战争的惨痛。

史蒂文森了解自己的人民，他太了解他们了。市民现在对防御的事情不冷不热（理事告诉他们英国人只是"暂时"来访，所以他们稍微关心此事），如果他们知道英国人这回来真的了，并且不投降就要开火，那么市民们肯定就会立刻放弃防御。鉴于这一点，史蒂文森决定将尼克尔上校的第二封信作为秘密保守起来，一定要一战到底。后来，英国船只靠近了小镇。接着，军队登上了长岛、州长岛，他们晚上还穿越了要塞。新阿姆斯特丹的官员们其实早就已经知道了那封信，所以他们暗示理事，是时候投降了。

9月2日，两组委员会再次代表新阿姆斯特丹官方前去询问尼克尔，市民们应该怎么做才好。9月3日，周三，他们回来了，告知理事，这次访问很不尽人意。尼克尔一如往常，坚决拒绝讨论投降是否符合伦理。他再次重申，自己听从英国国王的指令，来到哈德逊河口收复新尼德兰，他必须执行命令，仅此而已。

委员会又问他会不会对小镇开火。他暗示说，如果要塞不升白旗投降，那么第一次攻击可能是下周四；若是投降，新阿姆斯特丹的人民就会发现，其实他是个温和善良的人。

这个答复很快传遍了小镇，理事再怎么采取防御措施也已无济于事。9月1日晚上，史蒂文森已经通过地狱门峡谷（那里暂时还未被攻占），通知了十九董事会这里所发生的一切。这一次的汇报文件（其实文件最终也没有被送到荷兰）算得上是他的临终遗嘱。

他在文件中写到："长岛失守了，英国人还要我们交出新阿姆斯特丹。我们现在没有士兵、枪弹和食物，而且市民们也完全失去了信心，他们觉得英国人一旦攻打过来，我们是完全招架不住的。他们还担心英国人霸占这里之后会危及到他们和他们的家人。小镇明显已经支持不了几天了。"文件末尾，他还表达了人们对十九董

投降

事会的痛恨之情，他在之前的日子里已经听得太多，十九董事会总是"忽视或不回应理事和其他人的改善提议"，所以惹人讨厌也是必然。

他还在附注中说到，在检查军火时，他发现一大半的枪支弹药因为年代已久已经不能使用了，另外三分之一的炮弹也已失效。

9月5日，理事和代表们组成了委员会，从新阿姆斯特丹出发来到长岛，去往布鲁克林（Brooklyn）①的渡口，与尼克尔进行最后的交谈。他们随行带了委托书，讨论投降的细节。

9月7日，周日，在定期召开的下午会结束后，投降的二十三项条款在教堂里宣布。在场的有地方法官，士兵和市民能挤进去的

---

① 今美国纽约地区名。

也都去了。

1664 年 9 月 8 日，周一，彼得·史蒂文森签署了投降书，承认自己接受投降条款。此时投降条款的具体内容已经为人们所知。

投降书成为了新阿姆斯特丹要塞的最后一份官方文件。投降后，理事缓慢而蹒跚地走出了破烂不堪的要塞，后面跟着他为数不多的士兵。他带领着士兵们登上了基甸号（Gideon），踏上了回国的征途。

他回到荷兰后，殖民地降下了荷兰国旗，升起了英国国旗。

三周之后，殖民地的最后一座荷兰要塞被尼克尔的军队攻占，标志着荷兰的殖民实验以必然的惨败告终。

第二十一章 年迈的史蒂文森回到农场

还是要写点后记。

从那之后，荷兰和英国和平相处了十多年，但在此期间，他们仍然为国际市场进行着激烈的竞争。只要世界还是由经济利益所主宰，只要各个国家都是独立的利益体，英国就有必要打败所有竞争对手，因为这些对手威胁到了英国在公海上的绝对统治权。英国海军曾与荷兰海军一起，将西班牙变成了拥有二流海军的国家，现在该清理荷兰了，荷兰清理完之后就是法国，在我们那个年代，被打的是德国。

查理·斯图亚特对荷兰的仇恨与两国之间的战争有一定的关系，但关系不大。真正的原因是，虽然英国已经颁布了《航海法案》，但荷兰依然垄断着海上运输贸易。

第二次英国战争中，两国的海军大战了一场，这场战争持续了整整四天，可见双方都很想知道谁才是最后赢家。其实在十七世纪尚未结束时，两国之间的差距就已经变得越来越明显了：只有一百五十万人口的荷兰肯定不敌拥有一千四百万人口的英国。但在第二次英国战争中（英国历史称之为第一次荷兰战争，可能是忽略了护国公克伦威尔时代的冲突）两国海军依然实力相当，英国和荷兰各自有输有赢，可见当时荷兰还有许多杰出的海军战略家。如果不是荷兰的政治两党制，德·鲁伊特尔（de Ruyter）[1]和特龙普（Tromp）[2]或许还能在相互尊重的基础上合作，那样英国肯定就更惨了。但事实是，特龙普支持奥兰治王朝的统治，而鲁伊特尔则坚信能治理好共和国的只能是为国家买单的商人们。因此，两个人只有在分开的时候才能打一场胜仗，在一起时战绩就不太令人满意了。就这样，荷兰失去了打败英国这一天敌的机会，本来可以取得胜利的，后来却陷入了僵局。英国占领了新尼德兰，荷兰也占领了几内亚沿岸属于英国的地盘以及几内亚在南非的绝大部分地区，所以双方算是打了个平手。

两年后，两国都疲惫不堪，愿意和解。此时，荷兰的商人党派扔出了杀手锏。鲁伊特尔带领着荷兰省的一支舰队秘密地来到了泰晤士河河口。对故事详情感兴趣的读者，可以在塞缪尔·佩皮斯（Samuel Pepys）[3]的日记中找到相关内容。英国首都周围响起了轰隆隆的枪声，这是那些吹奏长笛的达官贵人永生难忘的事情，这无疑也推进了《布雷达和平条约》的顺利签订，从此两国井水不犯河水。这样看来，荷兰似乎更胜一筹。

绝大多数荷兰人都认为，拿新尼德兰换苏里南（Surinam）[4]是一笔很明智的生意，而且还是荷兰外交上的一大胜利。苏里南也叫"荷兰的几内亚"，位于热带地区，出产甘蔗。甘蔗的生产可以由黑

---

①米歇尔·阿德里安松·德·鲁伊特尔（1607—1676），十七世纪荷兰最杰出的海军上将。
②科内利斯·范·特龙普（1629—1691），荷兰共和国军队总司令。
③塞缪尔·佩皮斯（1633—1703），英国政治家、海军大臣，后以日记作家身份闻名。
④位于南美洲北部，现为独立的共和国。

奴来完成，而黑奴在非洲基本不值钱，如果运到美国卖，一个黑奴平均还能赚七十五美元。总之，苏里南很有希望成为第二个爪哇岛，以后白人就不用在这片土地上工作，基业已定的贸易公司也可以在这里发展，而且不用听"殖民地居民"的抱怨。殖民地居民不过是白人中的穷人，他们总是去往那些没有黑奴的领土，一直纠缠所谓的权利和特权，还因此毁掉了许许多多的企业。

事实上，荷兰的几内亚在前一百五十年内都比新尼德兰的回报高。河流从腹地流向大海，两边有几百个种植园。但在十九世纪前叶，世界人民的良心产生了极大的动荡，人们规定：将黑人当作载重的畜生是错误的。

1863年，荷兰在南美的殖民地废除了奴隶制。解放后，奴隶们立刻奔向了内地，虽然他们保留了白人"耶稣基督"的宗教信仰，但一到内地，他们就进入了随心所欲的状态，这种原始人的生活方式是他们在非洲大陆生来就有的权利。奴隶走后，河流两旁的种植园就完全荒芜了。今天，这片几内亚殖民地已经成为了凄凉的沼泽地，完全沦为了给钱就卖的东西。相比之下，新阿姆斯特丹却成为了今天的纽约。

看来这片沼泽地算不上一笔明智的生意，1667年，荷兰的杀手锏确实带来了《布雷达和平条约》，但荷兰人高估了苏里南的价值。

不过，如果没有这些错误，如果人人都能理智行动，那生活将是多么无趣啊！那些可怜的历史学家们不就没什么值得研究的了么？

有一个人目睹了这一切的发生，并且安度了晚年。他就是已逝的理事、前莫斯科大公爵、土著人口中著名的"木头腿"、受人尊敬的彼得·史蒂文森，他同时也是新尼德兰最后的荷兰统治者。

殖民地投降后不久，西印度公司命令史蒂文森回到荷兰解释他的所作所为。当时正是灾难后寻找替罪羊的时候，新阿姆斯特丹的人民把一切责任都推到公司身上。他们认为这些"骗子们"（现在他们称十九董事会为骗子了）居然把他们骗到了美国，让他们定居在根本不属于荷兰的领土上（从尼克尔的第一封信中，他们得知了这一点）。

十九董事会则回击说，新阿姆斯特丹的市民都是一群低贱的懦夫。但他们还是需要更直接的替罪羊，所以他们把目标转向了他们忠实的雇员——史蒂文森。理事在过去的十八年中其实早已预测到会有今天的结局，还写了一大堆官方文件向董事会解释，但董事会最后还是选择了他当替罪羊。

既然董事会要求史蒂文森前往阿姆斯特丹，那他别无选择，只能面对现实。

在他离开之前，1665年5月2日，市政官员和地方法官邀请他来到新阿姆斯特丹（当时已经是纽约了）的市镇大厅，希望为之前的主人送行。他们真心举办这次聚会，有时想起之前理事想方设法阻止城镇独立，他们也会觉得自己不该如此真心。但过去的都已被遗忘，理事希望他从前的敌人和朋友都能过上好日子。地方法官也对理事的离开表示遗憾，为了表达对理事的尊敬，他们恳求他带上一封解释信。信中，"纽约市"的官员、议员以及法官详尽地描述了投降的经过。他们还向读信人解释，这件事情不能责怪前理事，因为他也别无选择。

彼得·史蒂文森把信件装进口袋就启程了，在一段痛苦又危险的旅程之后，他于 1665 年 10 月回到了海牙。董事会之前已经仔细地听过了新阿姆斯特丹要塞的戍守军队回国后讲述的悲惨故事，所以他们接待理事时很不礼貌。但三级议会的想法却不一样，史蒂文森不管是对自己还是对人民都很残酷，但殖民地人民居然如此支持这个"暴君"，三级议会觉得他很了不起。后来人们对此事的兴趣逐渐退去，也就再也没去打扰年迈的史蒂文森了（此时他已经是历经沧桑的七旬老人了）。

史蒂文森本可以留在荷兰，但新大陆已经抓住了他的心。

史蒂文森的农场

在《布雷达和平条约》签署后，史蒂文森开始私下与英国政府谈判，为殖民地的居民争取在美国和荷兰之间进行自由交易的权利。英国政府最终答应了他的请求，于是他坐船于 1667 年秋天回到了美国。从此以后，他就一直生活在曼哈顿岛东部的那片属于他的农场上。

他在那里度过了余生，但有关他这段时期的事情，我们知道的少之又少。

在此期间，他喜欢在花园里闲逛，出于礼貌，也对社区的事情略有关心。他的性格极为专横，家人在他面前都无法直起腰说话。他的妻子几乎没有露过面；他的姐姐仅仅有一次鼓起勇气，为一个可怜的贵格会信徒说话，后来这种情况就再也没有发生过；他还有两个儿子，也从未露过面。他只是一位在花园里读《圣经》的老人，深感世界正在走向灭亡。

1672 年 2 月，人们对殖民地的好奇心已经完全消失，同时，那个英雄和海盗互相等同的年代也一去不复还了。

我们不知道记录殖民地的文献流向了何处，有些文件保存了下来，但大多数都丢失了，西印度公司破产后便再也没出现在交易所，谁会去关心一个破产的公司的文件呢？新阿姆斯特丹的未来依然存在许多不确定性因素，而后来也成为了现代世界人口最多的城市之一。史蒂文森这个固执的弗里斯兰人，曾经在美洲大陆上建立了属于他一个人的荷兰帝国。他去世后，生前所种的梨树前几年都还在结果。而我们对他了解得太少，相比之下，对于那些死了三千多年的埃及国王，我们可能还了解的更多一些。

第二十二章 殖民地最后一次回到祖国的怀抱

从 1667 年到 1672 年，英国和荷兰和平相处了一段时间。

之后，查理·斯图亚特借荷兰与法国之间的战争，为从前在荷兰遭受的委屈进行了报复，帮助了法国（这是肯定的）。

荷兰此时被四面夹击（法国国王路易的钱财当然买来了许多同盟），于是，荷兰人民找出该为国家衰败负责的人（这个人正是简·德·威特，他其实是荷兰共和国历史上最杰出的政治家），处之死罪。接着，他们背靠北海与敌人殊死搏斗，最后居然胜利了。

胜利后，新尼德兰再次回到了荷兰手中。彼得·史蒂文森去世一年半后，两位荷兰海军上尉——康纳尼斯·埃弗特（Cornelis Everts）和 雅各布·宾克斯（Jacob Binckes）——在切萨皮克湾（Chesapeake Bay）①上演了驱逐英国商人的好戏。他们还在打算，能不能重新征服新阿姆斯特丹。不久后，他们启程前往哈德逊河，停靠在了下湾。

1664 年的那场喜剧再次上演，只不过人物有所颠倒，这次换英

---

①美国东海岸河口湾。

曲终人散

国的理事傲慢地向荷兰的二十三艘船询问，他们有何权利入侵英国领土。而两位荷兰上尉则像当初尼克尔一样，拒绝讨论此事，只是说他们前来是为了收复"原本属于荷兰的领土"。他们还说，这次来是想和平解决此事，但有必要的话，还是会采取战争一类的方式。

这次派出军队的不再是英国，而是荷兰。唯一不同的是，荷兰军队并没有深入到长岛，而是在安妮肯·简和牧师博加都斯的农场附近驻扎，也就是在如今的三一教堂。接着，他们从那里行军到了百老汇，一颗子弹都没用就攻占了纽约。英国的投降条款和几年前荷兰向他们投降时的条款一模一样。

此后，整个殖民地再次回到了荷兰的怀抱，继续沿用之前的新尼德兰一名。新阿姆斯特丹再次接受洗礼，重新命名为新奥兰治；阿姆斯特丹要塞重新命名为威廉·亨德里克要塞。威廉·亨德里克是年轻的奥兰治王子，他在威廉三世去世后不久登上了英国的王位。

当初新阿姆斯特丹的人民顺从地接受了英国的统治，同样，纽约的人民此时也听话地接受了荷兰的统治。

1664 年 10 月 22 日，新阿姆斯特丹的居民曾经写信给约克公爵，称他们会做顺从的公民，还感谢公爵给了他们如此聪明的理事——尼克尔上校。他们还表示，在公爵的英明领导下，他们坚信自己会像黎巴嫩山脉的杉木一样茁壮成长。然而现在，这些人又发誓效忠三级议会，并承诺听从新理事的指挥。曾经殖民地的理事兼曼哈顿岛军队指挥官是英国的弗朗西斯·拉弗莱斯（Francis Lovelace），现在取而代之的是荷兰的安东尼·科尔夫（Anthony Colve）。

回归之行

回归后，殖民地选了一小部分具有影响力的市民，新理事从中任命了几位市镇官员和其他官员。之后，大家就平静地开始了每天的工作。

当然，这时候荷兰和英国的战争仍然继续着。英国国王的船只突然来到了新英格兰附近的港口，开始攻打城镇。由于城镇此时也处于戒严状态，所以只有几名荷兰士兵前往炮台公园。除了酒吧稍微提前关门，其他一切都没有发生变化。

一年后，尼德兰七省联合共和国和英国国王签订了著名的《威斯敏斯特条约》，在划分殖民地时，荷兰又将新尼德兰送回了英国人手中。

荷兰戍守军队再次走出要塞，取而代之的是英国的戍守部队；荷兰的国旗再次降下，英国的国旗再次升起。英国的国旗在这片地区飘扬了一百九十多年，后来英国士兵离开了曼哈顿岛，华盛顿将军（General Washington）的军队穿越长岛，占领了这片曾经属于荷兰、英国的殖民地。这一次对这片地区的占领，是以十三个闹独立的殖民地的名义。这十三个殖民地是欧洲人在新大陆上最早的聚居地，现在它们已经发展成为了美国的中心。

彼得·史蒂文森的遗孀活了很久，一直没有改嫁。在荷兰第二次征服殖民地之后的第十三年，她做了一生中唯一一件自己说了算的事情：她去世了，并留下遗书，要用家庭财产修建一座教堂。

这个教堂现在都还在。

教堂的地下室里，还埋着新尼德兰最后一位荷兰理事的遗骸。

"阿姆斯特丹"要塞的洗礼 1625年4月25日

"在费尔哈斯特（Verhulst）先生完成护城河后，代表和委员们就应该立刻按照 C 计划修建要塞。该要塞命名为"新阿姆斯特丹"。代表和委员们在完成计划时，应该尽其所需，雇佣现有的农民、水手和殖民地居民帮忙。"

《彼得·史蒂文森的生平与时代》

亨德里克·房龙写于 1928 年